妈妈
永远"在线"

臭蛋妈妈 著
柳友娟 绘

自序

成为母亲，让我的过去、现在与未来，都变得完整

想到这些，我释然了。趁我一件件、一桩桩都还记得清楚，何不写下我和臭蛋的种种故事，管他有没有人看。哪怕全世界只承认拿 100 分的才是好孩子，父母的教育才是成功的，我也依然认定，我的臭蛋是个好孩子。

臭蛋是个好孩子，并不意味着他是个完美的孩子。他身上的缺点和优点一样多，这些都会出现在这本书里。但他是个真实的，能够对自己负责、对别人包容的孩子。

他，是我的好孩子。

2020 年 11 月 6 日下午，应某出版社之邀，

我作为嘉宾，参加了玛雅·安吉洛"女性三部曲"的读书分享活动。另一位嘉宾是三部曲中《妈妈和我和妈妈》一书的译者，翻译是她的业余爱好，她的主业是做教育培训。在这样的氛围下，家庭教育、亲子关系自然成为对谈的主要话题。

活动中，主持人（"女性三部曲"的责编）连续发问：人能否走出原生家庭的阴影？女性要做一个好妈妈是否一定意味着牺牲？如何应对孩子青春期的叛逆？……

活动开始前，我暗自告诫自己：今天的主角是译者，不是你，少说话。然而，一谈到亲子关系，我的话就多了。自去年（2019年）暑假结束后把臭蛋送回美国，至今已一年有余，接下来美国换个总统能否控制住新冠肺炎疫情，中美关系能否有所缓和，仍是未知。人长期处于不确定中，心尖上就像吊着个铁坠子，每走几步，铁坠子就会把你的心往下扯几下，慢慢地，心就酸胀酸胀的。抓住一切机会讲述我和臭蛋的故事，其效果等同于人感受到压力时做几个深呼吸，可以多吸进点氧气。

对了，忘了介绍，臭蛋是我儿子的小名，他

今年18岁，15岁时去了美国西雅图郊区的一所私立中学读书。他刚出生的时候，像只红皮小老鼠，后来长开了，圆滚滚的，又像个球。但我总觉得他是我生下的一个蛋：甜蜜的时候，抱着、搂着亲，"蛋蛋、蛋蛋"地唤他，说他是我路上捡来的蛋，他就说自己怎么着也是个一号蛋、大王蛋；等他到了七岁八岁狗也嫌的年龄，我就常常冲着他怒吼一声——臭蛋！那是美剧《成长的烦恼》里一个不起眼的角色，但吼起来特别爽。当"臭蛋"这两个字冲出我的喉咙，引发空气剧烈振动，扩散开的不仅仅有声波，还有那简直能闻到的气味儿，我的脸上会配合着做出嫌弃的表情。久而久之，"蛋蛋"不太听得到了，"臭蛋"开始常挂嘴边。母子俩都认可了这个小名。

　　回过头说活动。活动一结束，主持人和现场的观众都围了过来，说我在活动中讲到的我和臭蛋的故事很有趣，鼓动我把它们写下来。我有点意外，冲口而出："这样的故事会有人读吗？好像'我把孩子送进斯坦福/哈佛/耶鲁/普林斯顿'这类书才会有读者、有市场吧？"我连连摆手。一个在国内快读不下去的"学渣"，去了国外一所不知名的中学，如今本科申请的结果尚未出来；哪怕出来了，也不可能来个"学渣"挺进藤校的惊天大逆转，谁会关心这样的儿子和这样的儿子的妈妈之间的故事？这样的故事写出来又能给大家带来什么？

"不是这样的。我们觉得你培养了一个很好的孩子，难道在你眼里臭蛋不是个好孩子吗？大家都想知道你是怎么做到的，把这些故事写出来是有意义的。"主持人这样对我说。

我还是犹豫。

和众人告别之后，我一个人走在许久没走的淮海路上。这一段淮海路，我曾经来来回回走过无数次。当年的我，20岁出头，刚出校门，住在与淮海路交叉的成都南路上的一栋老房子里，过了一段"七十二家房客"的日子。那时的臭蛋自然还未成形，但孕育他的爱情，彼时正在孕育中。

"难道在你眼里臭蛋不是个好孩子吗？"边走边想主持人的这句话。

当然是！

5天前的11月1日，是臭蛋的18岁生日，我和他都曾以为这会是个不一样的生日——5月底在他主动退掉回国机票的时候,我心有不甘地说:"妈妈会在你生日的时候,和你爸爸一起飞过去,租幢房子,给你办生日冷餐会,把老师、同学都请来。"说这话时,我完全不认为疫情会持续到下半年,以为会像上次"非典"疫情那样,糊里糊涂就过去了,糊里糊涂日子就恢复正常了。

但最终,不仅我没能飞过去给他过18岁生日,臭蛋寄宿家庭中的爸爸和妈妈也都没有想起他的生日,他在无人庆祝,连蛋糕都没有的情况下,跨入成年。

北京时间11月1日的早上,我跟臭蛋说生日快乐,乐观地估计,到了第二天,也就是西雅图的11月1日,寄宿家庭中的爸爸和妈妈会想起他的生日。甚至还在想,他们迟迟没有动作,恐怕是要给他一个惊喜。毕竟,这个家中每次有人过生日,臭蛋都精心准备礼物,还一起为寿星做蛋糕。到了北京时间11月2日的早上,西雅图已经是11月1日的晚上了,我和臭蛋用微信语音聊天,我东拉西扯一通后,最终还是憋不住去问他:"今天过得怎么样?"

臭蛋的声音很平和:"妈妈,吉姆他们没有想起我的生日，我也没有提醒他们。因为吉姆身体有点不舒服，我不想给他们添麻烦。"我一下子不晓得怎么回应，臭蛋已经接着往下说了，"我觉得生日过不过都没什么，吉姆他们已经为我做了很多。"

一个不以自我为中心、懂得感恩的孩子，是不是一个好孩子？我想，是的，我的臭蛋是个好孩子。

臭蛋是 2019 年 8 月底返美的。那年年底放圣诞假的时候，寄宿家庭一家四口（爸爸吉姆、妈妈茱莉亚、姐姐安妮卡、弟弟柯文）邀请他一起，先开车去艾奥瓦州看望住在养老院里的外婆，再去犹他州奶奶的家，参加吉姆和他的六个兄弟姐妹的家庭聚会。这么纯正的美式圣诞节，臭蛋自然不想错过，所以他接受了邀请，没有回中国。当时，我和他都想着还有暑假呢，暑假再回来就行了。

然而，疫情来了。

美国疫情一出现，我所在的各个家长群都开始讨论、交流机票信息和抢票攻略，转发的文章都在说留学生回国的种种曲折。有穿着防护服、戴着防护镜出现在机场，人还没拉杆箱高的小留学生，更多的是大学生、研究生甚至博士生，如何拿着数万元刷来的机票，辗转多国，历经几天几夜，回到国内。在一片"兵荒马乱"之中，身在美国的臭蛋倒是波澜不惊，除了对有位指责他戴口罩的美国女同学有些微词之外，他依然该干吗就干吗。

我之前在达美航空公司给臭蛋订了6月初从西雅图直飞上海浦东的机票，票价正常，数千元人民币。不断有人劝我多抢几张票，尤其是抢几张转机票备着。我感觉以我的手速是抢不到票的，也缺乏那种不断刷票的毅力，就不去折腾了，但内心是忐忑的。打了两次达美航空公司的客服电话，客服都安慰我："我们也是做父母的，理解家长的心情，我们会尽全力保障一切正常。"5月初，中国驻美国大使馆发布信息，让低龄留学生登记信息，等待包机。我赶紧去登记。5月25日，突然收到大使馆发来的邮件，要求尽快回复是否搭乘包机。

问题一下子摆在我和臭蛋面前。

现在回想起来，我当时是有些乱了阵脚的。

纠结的点是：该不该花几万元让臭蛋坐包机先飞回来？可这意味着他得自己从西雅图郊区，坐两个多小时的车，去西雅图-塔科马机场，飞旧金山；而到了旧金山机场，因为包机具体起飞时间未定，臭蛋也许不得不在机场过夜；若达美航空公司的航班最后未取消，为坐包机这般折腾岂不是不值得？但万一达美航空公司最终取消航班，我们这会儿放弃坐包机，将来再后悔可就来不及了……

臭蛋的关注点却与我完全不同。他在电话那头说："妈妈，25号走的话，我的期末考试怎么办？辛苦一个学期，我不可能放弃最后的考试的。"

紧随其后的第二个问题："即便我不参加期末考试，飞回来了，等过完暑假，我还回得去美国吗？"

一时间，我无言以对。

臭蛋又说："妈妈，你先不要着急，我现在就联系校长，问问她的意见。"

校长的反馈很快来了：存在留学生回中国后回不了美国的风险，所以不建议回国；学校会与孩子们的寄宿家庭沟通，妥善安排留美的孩子。

臭蛋据此作出了自己的决定：不回去，因为来美国的目的就是读书。

又一次，臭蛋给我上了一堂人生课：无论何时，都要保持清醒，不能陷入羊群效应。

回复大使馆的邮件，退掉达美航空公司的机票，我这边正在操作这些，那头臭蛋的电话又来了。声音不仅是平和的，甚至还带着点小雀跃："妈妈，我征求下你的意见。既然我暑假不回来了，那我不如找所大学读点计算机的课？赚点学分也不错啊！不过，要老妈买单付学费喔。"臭蛋就读的中学规模小，开不出计算机课，一直让他深以为憾。

能不答应吗？那一刻，如果他在眼前，我只想抱着他吼一声：好样的，臭蛋！

一个未满18岁的孩子，能在纷乱之中，不慌不忙，不急不躁，不忘初心，不失理性，不怨天尤人，做到因时而变、随遇而安，始终温和、乐观，这样的孩子还不是好孩子吗？

想到这些，我释然了。趁我一件件、一桩桩都还记得清楚，何不写下我和臭蛋的种种故事，管他有没有人看。哪怕全世界只承认拿100分的才是好孩子，父母的教育才是成功的，我也依然认定，我的臭蛋是个好孩子。

臭蛋是个好孩子，并不意味着他是个完美的孩子。他身上的缺点和优点一样多，这些都会出现在这本书里。但他是个真实的，能够对自己负责、对别人包容的孩子。

他，是我的好孩子。

周末的淮海路，不算热闹，正适合我边走边想。秋风起，梧桐树叶落了下来，一晃二十多年过去了。不远处就是思南路，我仿佛看到二十多年前的自己，站在街角，仰着头，透过梧桐树的枝丫，一副看得见自己的未来的神情。但其实，在那时我一遍遍描摹的未来中，并没有母亲这个角色，或者说没有清晰的母亲的角色，至多是个模糊的概念。但在今天的我看来，没有母亲这个角色的未来，不是完整的未来。当然，我不会用这句话去评价别人，是否成为母亲，是每一位女性自主的选择。但于我，我感恩，感恩臭蛋让我成为母亲，让我的过去、现在与未来，都变得如此完整。

2020年11月6日，上海

又序

今天是 2021 年 2 月 16 日，距离 2 月 12 日（大年初一）一早臭蛋告诉我他被圣路易斯华盛顿大学工程学院录取的消息，已经过去了四天，我的心情终于渐渐平复。

如此激动首先当然是因为，这个结果太出乎我们意料，是惊喜中的惊喜。当臭蛋拿到威斯康星大学麦迪逊分校、普渡大学等学校计算机科学专业的录取信时，尤其是后来又收到普渡大学荣誉学院的录取信时，我们已经非常开心了。综合排名前二十的学校对我们而言，是一个遥不可及的梦，从不曾想到这个梦会成真。但这并不意味着我对臭蛋的祝福与学校的排名挂钩。看着他顺利步入人生下一阶段，对一个老母亲来说，是一种阶段性满足，一种满含欣慰的"目送"。

我的激动更多是因为，这次申请美国本科

院校，对臭蛋的努力、对我的坚持都是一次检验。这份努力与坚持不仅仅指学习上的，更多是指在一个普遍"鸡娃"的环境中抵抗焦虑、守住自我的定力。当周围的娃"十八般武艺"齐耍、各种才艺兼修的时候，臭蛋正在专心学好课堂上的知识。按照国际文凭组织（International Baccalaureate Organization，简称 IBO。臭蛋所在高中采用 IB 课程）的要求，学生需要在三大门类中选择六门课程，其中至少有三门是高阶课程。但臭蛋选择了四门高阶课程，除了一门数学外，其余三门是中国留学生一般不太愿意选的文学、历史与戏剧。他认真阅读老师指定的书籍与文献，甚至拓展阅读了更多；热情参与课堂讨论，贡献自己的观点；也严格按照学术要求，不取巧、不偷懒地完成每一篇论文。当周围的父母都在"鸡娃"，送孩子上各种培训班，参加各种考试的时候，我始终支持臭蛋参加戏剧社的活动，从灯光师、演员到舞台经理、导演，虽然这只是学校的社团活动，没有什么高大上的光环，虽然这花去了臭蛋很多的时间，但臭蛋是乐在其中的，他从中获得锻炼与成长，也为集体、社区作出了贡献。

在这个努力与坚持的过程中,臭蛋和我并不能预知今天的结果。我们仿佛走在一条少有人走的路上,说实话,底气并不充足。好在我们的心中是有罗盘的,那就是始终葆有对知识的最原初的好奇心,而不是将其工具化。亚里士多德说:"哲学起源于好奇。"我想,何止哲学,人类的进步就起源于人类的好奇。获取知识是愉悦的智力活动,这份愉悦就是探索的回报,不要让刷题"刷"去了这份愉悦。

臭蛋的录取结果,或许在一定程度上证明了我们的选择,但这么说并不意味着我认为被美国名校录取就是成功的。出国留学只是多种选择中的一种,各个选项之间并无优劣之分,只有适合与不适合。近年来,我时有听闻以高分进入国内名牌大学的孩子,却在大学更强调自我探索的环境中陷入迷茫。比如曾有一位在"985高校"就读的学生跟我吐槽,导师不管她,她就完全不知道自己的论文该写什么。或许导师确有不尽责之处,但必须承认,长期以来,国内靠刷题进入名校的孩子,确实存在自我学习、自我探索能力的缺失。被管得太多,有一天没人管了,便不知何去何从。此外，网上常流出中美大学生阅读书目的对比，国内大学生的阅读视野和品位确实不容乐观。

那天，在稍稍平复最初的激动之后，我和大洋彼岸的臭蛋分别打开了电脑。他向为他写推荐信的老师、做研究项目时的指导老师及其他所有在申请过程中给予帮助的人，一一写了感谢邮件，而我的第一封感谢邮件是写给戏剧社指导老师的。是她，从鼓励臭蛋走上舞台开始，不断给他设置新的任务，让他在新的挑战中发展自己。臭蛋在戏剧社的故事，是他申请文书中最大的亮点。感恩教育就是要现时现地地进行，就是要父母的亲身示范。

2021 年 2 月 16 日，上海

目 录

第1章　留学是"亏本"的买卖吗？/ 1

第2章　不能光做"番茄炒鸡蛋"的准备 / 16

第3章　为什么不请我上台演讲？/ 31

第4章　永远会出幺蛾子 / 51

第5章　开始了我的"表演" / 65

第6章　飞走的孔明灯和轻狂的少年 / 87

第7章　我将来的婚礼要怎么办？/ 103

第8章　面对霸凌，我的勇敢"救"了谁？/ 119

第9章　妈妈永远"在线" / 140

第10章　做一个好妈妈就一定意味着牺牲吗？/ 154

第11章　在孩子心里装上一根"弹簧" / 168

第12章　四只同款的圣诞袜和一只不同款的圣诞袜 / 187

第13章　真的做个"普通人"就可以了吗？/ 205

第14章　"错题"更有价值 / 223

第1章

留学是"亏本"的买卖吗?

我不想在日复一日的机械学习中,在统一的、唯一的答题训练中,让臭蛋失去自己的思考。

不以规矩,不成方圆。这句话在哪里都适用,只是要仔细想一想,依什么样的规矩?这规矩本身对不对?依这个规矩,会付出怎样的代价?

为什么送孩子留学?

从送臭蛋出国读书开始,常常有人这么问我。我一般笼统地回答,是为了让孩子体验不同的文化。其实,这个回答挺扯淡的。

也会遇到特别"热心"的人,非要帮我算笔账:留学几乎要花掉上海一套房子的钱,读完回来,未必找得到工作;即使找到工作,"海龟"的薪水未必比"土鳖"高；哪怕找到了工作，薪水也不错，可何时才能收回投资？

在这样的"灵魂拷问"面前，我只得甩锅给臭蛋："是是是，您说得很对，可是没办法，臭蛋是个'学渣'，在国内真读不下去了。"之后，便尽量避开这个话题。

和一个把养育孩子视为投资理财的人，有什么可多说的？

但也不能完全说是臭蛋替我背锅，因为即使他还算不上是个彻底的"学渣"，也离"学渣"仅有一步或许两步之遥。事实上，从一年级到九年级，从学习成绩到在校表现，他都属于"腰部以下"的学生。

都说不能让孩子输在起跑线上，现在想来，是我害他输在了起跑线上，虽然我始终对"起跑线"一说存疑。

记得在臭蛋即将从学龄前儿童成长为一年级小学生的那个夏天，班主任要来家访，臭蛋很兴奋。我严禁外公、外婆跟他唠叨什么"上学要'收骨头'啦"之类的话，而是戏精附体地跟他说，"哎呀呀，不得了，了不得，你要做小学生了"。在我的哄骗下，他对即将到来的读书郎的生活一无所知，充满了期待。

班主任来的那天晚上，他每隔几分钟就问我："时间到了吗？老师快来了吗？"门铃一响，他就从沙发上弹射起来，甩下一句"我去接老师"，一溜烟地往楼下跑。那时我家住6楼，没有电梯，我这当妈的只是懒懒地倚在门口等老师，不及臭蛋礼数周全。

已经不记得那天家访老师都说了些什么，只记得临别前，老师回首看臭蛋的眼神有些"幽怨"，也莫名让我一惊，以至久久不能忘怀。臭蛋欢快地在沙发上扭来扭去、蹦上跳下，老师欲说还休，但最终什么都没说。从臭蛋身上收回目光，老师看向我，问道："孩子现在能认多少字？"我一时语塞，回答不上来。这下，"幽怨"的眼光在我身上停留了好几秒钟。

什么都没说，老师走了。

送走老师，我总觉得有点不妥，慌忙从一堆玩具里捞出被臭蛋扔在最底下的识字卡片，揪着臭蛋认字。测试结果是，他能认126个字。126个字啊！这还没读书啊！这多了不起啊！我立即发短信向老师汇报，那时还没有微信。

那天晚上，我没有等来老师的回复。

那天以后，我懂得了老师沉默的含义。

因为认字少，臭蛋的学上得懵懵懂懂，连题目都看不懂，成绩就可想而知了。我听说，有个小朋友入学前就已经掌握了1 000多个汉字，自学的材料是爷爷从信箱里拿回来的各种介绍老年保健知识的宣传单。

我和臭蛋开始了灰头土脸的学习生活。

一天，我去接他放学。才踏进教室，臭蛋的小同桌、大班长就拍着小手迎了上来，"臭蛋妈妈，臭蛋今天考试得了第一，不过……"，跟在大班长身后的小朋友一起喊——"是倒数第一！"

一旁的臭蛋，脸憋得通红。

我的心里翻江倒海，但直到今天，我都为自己当时的反应点赞——我微微一笑，大声说："那也很了不起，考倒数第一也是要有点本事的。"

然后，牵着臭蛋的手，带着他离开教室，回家。

我没有学过儿童心理学、教育心理学之类的学科，说不出一套套高深的理论，但我只认一个理：在臭蛋长大、变强之前，他信任和依靠的只有我——他的妈妈。我要成为他的避风港、安全港，我怎么可以和别人一起埋汰他、嘲弄他？

那天，我告诉臭蛋："从今天开始，妈妈跟你一起，把不懂的地方一点点弄懂，把不会的内容一个个补上。"我告诉他："考试最有价值的部分恰恰是错题，因为做对的题是你已经会了的，错的才是你不会、不懂，需要学会、弄懂的部分。"

我开始了陪读生涯。我是说真正的陪读，不是孩子做功课、自己拿个手机在边上玩的陪读，不是孩子做错题就大吼大叫的陪读，不是出钱请家教上门，然后自己在客厅里看电视的陪读。

在孩子学习落后的问题上，我最反感的父母的态度是发一通脾气。在这些家长看来，孩子学习不好，自己发脾气是一种痛心疾首的表现，似乎骂得越狠，越显得自己对孩子负责。其实，发脾气是最容易的应对方式。发脾气，爽的是家长自己——在恃强凌弱中找回自己的面子，但帮到孩子了吗？没有！一点点帮孩子补上缺失的内容，一点点教会孩子学习的方法，一点点帮孩子梳理知识体系，才是真正帮孩子，才是最难的应对方式。

为了帮助臭蛋，我把自己当成小学生，根据现在的教材、考纲，从头学起，和他一起，从一年级读到二年级、三年级……

陪读让臭蛋的成绩有起色，不过只是略有起色。虽然摘掉了倒数第一的"桂冠"，但如前所说，他成了一名在中等线上挣扎的学生。

有过失落吗？有！记忆中我曾经崩溃到大哭。我自己从小是学霸，记性尤其好。小时候每次考完试，都能够按照母亲的要求，把语数外各科考卷分毫不差地默写出来，这样母亲便能提前估算我的得分。而臭蛋在记忆力方面与我相差甚远，背诵一小段文章，他背了下句忘上句，能折腾到让我怀疑人生。我以为他不理解文章的内容，所以记不住，后来才领悟，这孩子打心眼里就不喜欢背、不想背。但当时，我决定给他讲解内容，让他在理解的基础上去记忆。

需要背诵的文章往往是诗词或古文，我便查阅作者、作品的背景资料，然后结合历史给他讲故事。在这个时候，母子俩共有的生性散漫的一面往往显现出来：我越讲越天马行空，臭蛋越听越有滋味，不断提问，推动着我继续天南海北地胡侃。最终的结果常常是，书还是没背出来，大把的时间却被浪费了。所以，臭蛋的成绩提高有限，也有我的原因。

但现在回想起来，和孩子这样东拉西扯的时光是幸福的。记得有一次，为了帮助臭蛋背诵曹操的《观沧海》，我和他聊起曹氏父子三人的性格特点和在政治、文学上的成就。说完曹氏父子三人，我又想到了苏轼父子三人，想接着聊聊苏家，便对臭蛋说："对啦，除了曹操一家，还有一家三口也很厉害喔，你猜是哪家？"臭蛋一扬头："我们家呀，你、爸爸和我！"然后在床上蹦跳着唱："我们三个都很酷，我们都穿三角裤。"作为老母亲，除了翻白眼，也真是无话可说，谁让我和臭蛋他爸平时都那么自恋呢？果然是自恋家风代代传。

除了享受这种无厘头的快乐，这样的时光也让臭蛋开始对历史有了兴趣。不仅如此，他在通过作品了解作者的过程中，建立了自己的朴素的历史观。虽然不能如陈寅恪先生所说，"对于古人之学说，应具了解之同情"，但臭蛋对历史人物总有超出同龄人的同理心，能理解他们在彼时彼地的处境与局限，能理解在那样的处境与局限中他们的所作所为的内在逻辑。这种同理心延续到现实生活中，臭蛋就不像如今很多"小太阳""小霸王"那样自我、自私，而是在不自觉中养成了把自己代入他人境地中，去理解他人、看待问题的习惯。关于这方面，我将在别的章节中详说。

臭蛋成绩不能有大幅提高，另外一个与我有关的原因是，他在我的辅导下写出来的作文，常常被老师要求重写。如此几回，臭蛋就对我的作文辅导能力持怀疑态度了。尤其是有一年暑假，老师要求不限题材、不限主题，交出两篇600字作文。在我的鼓动下，臭蛋写了两篇议论文，分别针对两个新闻事件：一个新闻是有人为省门票翻墙进入动物园，结果掉入虎山；一个新闻是有位爸爸带着孩子去电影院看电影，全程给孩子讲解情节，结果被旁边观众殴打。针对前者，臭蛋谈了规则的重要性；针对后者，臭蛋虽然也谴责旁边观众的殴打行为，但他将重点放在对这位爸爸的行为的分析上。他认为，首先，爸爸应该带孩子看一部适合孩子看的、与孩子的理解能力相

第一章

留学是「亏本」的买卖吗?

匹配的电影；其次，看电影和看画、听音乐一样，重要的是感受，不能说怎么看算是看懂了，怎么看算是没看懂，爸爸的讲解是在干扰孩子自己的体验。

臭蛋会有这样的想法，自有来处。在他还很小的时候，我常带他看画展。现在很多父母也有了带小孩看画展的意识，但遗憾的是，我常在展览现场看到父母指着作品告诉孩子，这幅画画的是什么，那幅画画的是什么，还问孩子画得像不像。绘画有很多风格流派，写实只是其中的一种，画得像不像不是一件绘画作品是否优秀的唯一评判标准，甚至都不能说是一种合适的评判标准。重要的是，欣赏艺术需要观者自己用心感受。积累一定的艺术和艺术史的知识，当然有助于我们更理性地赏析艺术作品，但任何时候都不能关闭自己的心灵，不去呼吸作品散发出来的属于作者的个人气息。对年幼的孩子来说，这一点尤为重要。孩子对艺术有天然的感受力，正处于艺术启蒙阶段，成年人不应该用自己的看法去限制孩子的想象力，而应该让孩子打开自己的艺术"雷达"。孩子越不被限定，艺术"雷达"覆盖的区域就越宽广。

我带臭蛋看画展,常常是他看我也看,我不作解释,也不打搅他的观看。在这样的观看中,臭蛋常常生成自己的理解。有一次,他站在一幅描绘波涛汹涌的大海的油画作品前,看了许久,突然对我说:"妈妈,这个画家在生气。"多好!不需要父母去描述、去界定,一个四五岁的孩子,能够穿透画面,看到作者的情绪。很多时候,我感觉越小的孩子反倒离艺术越近,父母自以为是的讲解其实剥夺了孩子感受艺术的权利,剥夺了孩子发展想象力的机会。

不能小看孩子对艺术的感受能力。第一次带臭蛋去听音乐会,我担心他坐不住,做好了他一吵闹就带他退场的准备。没想到,他小身板挺得笔直地听完了上半场。我舒了一口气,又打算趁中场休息的时候带他回家。毕竟,对一个学龄前儿童来说,安静地听完半场音乐会已经很让我意外了。但是臭蛋不同意,他坚持听完了下半场。或者用"坚持"一词是不对的,因为他乐在其中,无须"坚持"。从此,听音乐会成了他的一大爱好,虽然他并不如现在很多孩子那样,会一样甚至多样乐器,但我感觉他真的在享受音乐。

不仅不要限制孩子对艺术的感受,而且不要限制孩子对艺术的表达。小时候,臭蛋喜欢画胶画。有阵子,这种胶画摊在各大商场很常见。孩子可以选择一个图案,然后用液体颜料上色,烤箱烘烤后,孩子就可以把自己的作品带回家,贴在玻璃、冰箱上。虽然搬了很多次家,但臭蛋的一幅坦克作品至今还贴在现在家中的玻璃门上。有一次,臭蛋给一只青蛙上色,他上的是黄色。边上有位家长试图纠正臭蛋,她不停地说:"青蛙是绿色的,你怎么能涂成黄色呢?"惹得当时陪着臭蛋的外婆冲上去护犊。外婆只是爱孙心切,并不明了其中的道理,但她做得对。作为艺术呈现的青蛙,为什么就不能是黄色的?此时此刻选用黄色,自然有孩子此时此刻的心情投射在眼前的画面上。如果艺术只是一笔一画地反映客观现实,还会有毕加索等诸多富有个性的画家吗?人类已经有了照相技术,为何还是需要绘画艺术呢?

回到作文的话题上。那两篇议论文换得老师一句调侃:"你还是先写好记叙文吧。"我和臭蛋都不免有些垂头丧气。但是，尊重孩子的自由意志，尊重孩子的独立思考，让我虽试图提升臭蛋的在校成绩，却依然过不了自己这一关，还是不忍依据评分标准去扭曲孩子的想法，逼着他按照套路写作文。

我不仅在臭蛋的教育上坚持己见，不思悔改，还对外输出自己的"错误观点"。

有一回，臭蛋同班女同学的妈妈来请教我一个问题。在一次语文考试中，有这么一道题，前半句是，"秋天到了，树上的叶子落了下来，在空中飞啊飞"，要求学生补全后半句。她女儿是这么填的——"像在写一个'乡'字"。结果，小女孩被扣了分，因为标准答案是"像一只只黄蝴蝶"。我当即拍案，既是为一个三年级小女孩的文字天赋叫绝，也是为老师的"不懂得、不珍惜"扼腕。多好啊，像在写一个"乡"字，乡愁呼之欲出，小女孩的一个"乡"字，水平不知高出"黄蝴蝶"多少。"乡"字打通了情与景，连接了情与景，文字追求的境界之一不就是情景交融吗？后来我曾就这一问题请教茅盾文学奖得主、著名作家毕飞宇。听我讲完这个故事，他沉吟半晌，问我："你说说看，为啥是写一个'乡'字，而不是其他字？"经他点拨，我恍然大悟，更觉天赋真是神奇，一个未受多少训练的小女孩，或者说，正是因为还未受多少训练，才写出如此精彩的句子。"乡"字，一撇一撇又一撇，字形多合乎落叶的形态啊。

当时，我拼命安慰这位妈妈，叫她鼓励孩子继续跟着自己的感觉去写作。不晓得这位妈妈和她的女儿受我这番"毒害"后，有没有在后来的考试中再次失分。但我至今坚持我的意见：老师不仅不该扣分，而且应该拿出来当范文。当然，老师有老师的苦衷。老师如果不按考纲来教学生、批考卷，最后在统一的考试中，失分的还是自己的学生。据说制订大纲的人并不是一线教学的教师，两者是脱离的，真让人伤脑筋。

说到这里，其实我已经说出了送臭蛋出国留学的大部分原因——我不想在日复一日的机械学习中，在统一的、唯一的答题训练中，让臭蛋失去自己的思考。当然，我这么说并不意味着美国学校就没有必须统一、必须规范的地方。事实上，哪怕是高中阶段，美国学校对学生的论文写作——很多时候都还不是论文,仅是一份课堂小作业——都有非常严格的规定。比如:论文的格式,细致到字体、字号都有定规;必须注明引文出处;必须在规定的索引库中查资料。抄袭是绝对不允许的。但是,在合乎学术规范的前提下,学校鼓励不同的观点,只要学生能自圆其说,几乎从来没有标准答案之说,尤其在人文领域。学生可以在课堂上为一个被盖棺定论的历史人物翻案,但是,当现实生活中有人在学校停车场积雪的汽车玻璃后窗上画了一个纳粹标志后,校长会统发邮件,对此行为予以严厉的谴责。

不以规矩,不成方圆。这句话在哪里都适用。只是要仔细想一想,依什么样的规矩?这规矩本身对不对?依这个规矩,会付出怎样的代价?

第2章

不能光做"番茄炒鸡蛋"的准备

不自私,有同理心,可以让孩子和老师、同学友好相处;不作弊,做一个诚实的人,可以让孩子避免陷入"学术自杀"的境地;珍惜别人的付出,懂得及时表达谢意,可以让孩子获得更多的帮助。

所有这些,对出门在外、独立生活的孩子来说,都是至关重要的品质。

一开始,送臭蛋出国留学,只是我个人的想法。在一些家长看来,这还分家长自己的想法和孩子的想法吗?当然要分!有太多的家长,把自己的想法等同于孩子的想法,把自己的决定强加在孩子身上。许多人问我,要不要送孩子留学?

我的回答都是：你的孩子想不想出国？你的孩子更适合哪一种教育体制？

孩子出国留学，尤其是中学阶段就出去，确实出现了许多负面案例。比如，孩子管不住自己，沉迷于游戏；或者陷入孤独之中，甚至患了抑郁症。所以，我从不因为自己送臭蛋留学就大肆宣扬留学的好，劝说别的家长也送孩子留学。真的，在孩子留学这件事上，因人而异。有些孩子适合国内的教育体制，魔鬼式训练可以给一个孩子打下非常扎实的学术基础，但付出的代价是磨平孩子的个性，扼杀孩子的想象力；有些孩子则适合美式教育，可以在老师的鼓励下更开放、独立，能批判性思考，但美国老师不会盯着你学习，对自律性差的孩子来说，老师的信任极可能纵容学生。无论如何，去不去留学都应该是，也必须是家长和孩子共同的决定。

最初，我把出国留学作为一项建议提了出来，那年臭蛋14岁。他回答我："妈妈，我觉得你在跟风。"

我不会认为臭蛋这句话是在挑战家长的权威，事实上，在家中，臭蛋一直被鼓励说出自己的看法。

记得他刚读一年级的时候,有一天臭蛋他爸把他从学校接回家后,气哼哼地说,老师把他训了一通,要求他今天无论如何都要给臭蛋吃顿"生活"(上海话"揍一顿"的意思)。原来,上自习课的时候,六班的班主任发现他们五班有些吵闹,就进来训话。别的孩子都吓得不出声了,唯有臭蛋出声质疑:"六班的老师为什么来管我们五班啊?"知子莫如母,我知道这傻小子是真傻,是真的在问问题——六班老师来管五班学生,真的让他困惑了。他哪知道学校有巡查制度,老师是在轮流值班巡查?但他的质疑怎么听都像一种挑衅。我并非护短,而是我真的了解自己的孩子是怎么想的,然后据此判断这件事是涉及孩子品质的原则问题,还是孩子因为不懂而导致的技术问题。原则问题我从不放松,这方面的故事也有很多,后续再讲;技术问题就需要家长耐心解释给孩子听,示范给孩子看。

另外,在处理这类事件上,也需要家长"圆滑"一些。我没有因为自己的孩子实无冒犯之意而去和老师较真,而是充分考虑到老师在全班同学面前需要保持权威性，故而在第二天送臭蛋上学时，诚挚地向老师道歉，表示已经给臭蛋吃过"生活"了。事实上，那晚最搞笑的是臭蛋他爸。转述完老师的话后，他立即找来一把绘画用的长尺子，气势汹汹，一副要吃人的样子。我以为他要执行老师的命令了，谁知他把尺子塞到我手里，自己一转身去了隔壁房间。

细品臭蛋的话，我感觉不无道理。很难说我想送他出去留学的念头中，就没有一丝从众的心理，毕竟我身边的同事、朋友，大部分是把孩子送出去接受教育的。此外，我觉得国内的教育扼杀孩子天性，可国外的教育就一定好吗？我自己没有留洋经历，实在很难说对此有多少了解。

恰在此时，臭蛋所在学校有去加拿大温哥华做两周交换生的机会，我和臭蛋便决定报名，并约定等他回来后再决定是否留学。两周后臭蛋如期回来，告诉我，他决定出去。

一件事情是不是孩子自己的决定，会在很大程度上影响孩子做这件事的动力。对经验丰富的老师来说，孩子是为自己学习还是为父母学习，是一眼就看得出的事。臭蛋决定出国留学后，便在某培训机构接受托福考试培训。有次我在等他下课时和机构的老师聊天，无意中得知臭蛋班里另一个孩子也在这个班，因为父母要他出国留学。老师告诉我，那个孩子一看就是在为父母读书，自己并不情愿出国。果然，那个孩子出国后一直感觉寂寞、孤单，和老师、同学的相处也出现了问题。到后来，他白天黑夜地挂在网上，寻找能连线打游戏的人。而美式教育对臭蛋来说，恰是一种扬长避短。开学第一周，文学课的老师便激动地跟我说："迈克（臭蛋的英文名字）很棒，很少有中国学生像他这样有自己的观点。"此后，在每个学期的家长会上，各科老师都评价臭蛋是课堂讨论中重要的观点贡献者。他有此表现并不是因为他英文有多好，事实上，因为不肯背单词、嘴巴"懒"，他出国前的托福成绩只有71分。语言是工具，思想才是核心。当然，好的语言能力有助于更好地表达思想。

出国留学前的准备绝不止参加语言考试这一项，也不是依排名选学校，更不像一些家长认为的，要提前教孩子做番茄炒鸡蛋。这些都没错，但都没有涉及最本质的准备。臭蛋在国内时，生活能力是很差的，不要说洗衣做饭，就连自己的事情也常常闹不明白。但他能很快适应留学生活，我觉得，除了留学是他自己的决定，他有一种自己要承担后果的自觉意识外，以下三方面的准备应该起了很大的作用。

一是品质上的准备。即使不准备出国留学，品质的培养也是必需的，这是在打造孩子人生的底色，远比识多少字、考多少分重要。如果家长确实不想让孩子输在起跑线上，就从孩子小的时候、从生活中的小事抓起，培养孩子良好的品质，这才是真正地不让孩子输在起跑线上。

概念是空洞的，故事是生动的，还是来讲故事吧。

第一个故事与索求有关。

臭蛋小时候，我和外婆带他去玩翻斗乐。臭蛋玩得尽兴，也到饭点了，我便去买了三份肯德基鸡翅套餐。那时候，臭蛋特别爱吃肯德基的鸡翅，他风卷残云般吃掉了自己的那份。一直故意吃得很慢的外婆，适时地把自己套餐中的鸡翅递到了臭蛋手里。这样的场景可能在很多家庭里都是常见的，我这个"恶母亲"却伸手阻拦，既不许外婆让出自己的这份鸡翅，也不许臭蛋接过去吃。我只问他："你饿了，那外婆是不是也饿了？"一时间，老的、小的都眼泪汪汪。外婆觉得我小题大做，臭蛋觉得我比《白雪公主》里的后妈还恶毒。但我不为所动，最终外婆含着泪吃完鸡翅，臭蛋含着泪看外婆吃完鸡翅。

这样的冲突，记忆中只发生过这一次。在臭蛋的成长过程中，此后再也不曾有过类似的事件。倒是有一次，外婆带他去超市买儿童自行车，当祖孙俩推着超市最后一辆迷彩图案的儿童自行车去收银台时，一个比臭蛋大些的孩子看到了，死活要强拿过去。目的没达到，他便躺在地上打滚，让他的父母很尴尬。那天回到家，外婆感慨地说："幸好我们的臭蛋不会这个样子。"

其实，如果教育不当，每个孩子都会想到用哭闹的手段来威胁父母，以此获得自己想要的东西，不管自己的要求合不合理。这样的孩子长大后，便是现在常见的"巨婴"，继续以撒泼、耍赖的方式威胁他人，以获取额外的好处。

这个小小的故事蕴含着规则意识、同理心等多方面的内容。这样的教育只需一次，家长只需

第 2 章

不能光做「番茄炒鸡蛋」的准备

一次坚持到底，不为孩子的眼泪所动，便能让孩子一辈子受益。很多孩子出国后与舍友或寄宿家庭闹矛盾，归根结底，还是孩子索求惯了，不懂得换位思考，没有界限意识。

第二个故事与诚实有关。

近年来，个别中国留学生作弊事件导致中国留学生的群体形象受损。有的孩子在国内就作弊，出国后，意识不到这种行为的严重性，以为即使作弊被抓，只要自己认错态度好，国外学校也会像国内学校那样，放自己一码。殊不知，国外学校往往会开除作弊学生。在臭蛋出国前，学术诚信是我跟他强调的重点，但老实说，这方面我对他是很放心的。因为臭蛋也有过一次作弊行为，我和他都从这次作弊中接受了深刻的教训。

事情是这样的。二年级的时候，在一次英语单词默写中，臭蛋作弊被"活捉"。当老师告诉我这个消息的时候，我非常震惊。因为诚实是我对他的一贯要求，他是知道我的底线的，他怎么会去作弊呢？老师也了解臭蛋是个诚实的孩子，还告诉我，小家伙从来没作过弊，缺乏经验，手法拙劣，脸也涨得通红，一下子就被"活捉"了。

那天回家后,我和臭蛋谈话。他完全承认自己的错误,也对自己的行为感到羞愧。

按理说,这样就算完事了,该教育的教育了,该认错的认错了,可我总觉得有点不对劲。回到自己房间,我仔细回想这几天的情况,终于发现了问题所在。这阵子,因为臭蛋默写连续几次不及格,老师频频发短信给我,要求我督促孩子。在老师施加的压力下,我有些烦躁,言语之间不免流露出来,这压力就转嫁到臭蛋身上。想到这里,我的心痛了:孩子多不容易,天天看父母的脸色行事,为了取悦父母,不惜"铤而走险"。我回过头去找臭蛋,非常认真地对他说:"妈妈跟你道歉,妈妈一直说我们应该关注错题,而不是关注分数,但显然妈妈没有真正做到。最近几天,一直在因为你的默写分数而责怪你,妈妈这个样子,是不是给了你很大的压力?"我的话音刚落,臭蛋哇地哭了出来,那是被理解之后的压力释放。在这放声大哭中,他和我都真正认识到,诚实远比分数重要,我们绝对不能舍本逐末,第二次犯这样的错误。我一直记得这个故事,我相信臭蛋一定也一直记得。

第三个故事与感恩有关。

在国内的时候,臭蛋曾抱怨我和臭蛋他爸。他说,全班就你俩事多。他说这话指的是,我们会报名参加学校的志愿活动,会帮临时有困难的家长接送、照顾孩子;甚至有整整一年时间,我们把臭蛋的同桌一起接回家照管,直到她妈妈下班后过来带她回家。尽管臭蛋抱怨,我们却只管继续这样做。臭蛋去了美国之后,才慢慢体会到我们的用意。

臭蛋是九年级第二学期去美国的,臭蛋他爸陪了他一个学期;十年级开始,臭蛋住学校宿舍了。宿管员是个二十来岁的年轻女孩,只负责正常上下学的接送,不愿意满足学生额外的接送要求。但臭蛋报名参加了学校的机器人俱乐部和戏剧社,放学后要留在校内参与活动,有时周末需要出去比赛。这逼得他每次都要向家长们求助,请求搭"顺风车"。整整一年的住宿生活中,臭蛋几乎搭遍了所有同学家长的车。他懂得,搭人家的"顺风车"时,不可以低头玩手机,要和同学、家长友好地聊天;每次下车,他都特别认真地跟人家说谢谢。有一次,臭蛋在微信上感慨地对我说:"妈妈,我现在终于理解你和爸爸了,我现在每当找到肯接送我的家长,心里都特别感激。"

这个故事提醒我们做家长的,我们的一言一行孩子都看在眼里,哪怕他一时理解不了,终有一天,身处某种处境、某个场景中,他会豁然醒悟。

不自私,有同理心,可以让孩子和老师、同学友好相处;不作弊,做一个诚实的人,可以让孩子避免陷入"学术自杀"的境地;珍惜别人的付出,懂得及时表达谢意,可以让孩子获得更多的帮助。所有这些,对出门在外、独立生活的孩子来说,都是至关重要的品质。

说完品质上的准备,再来说说文化上的准备。

我们总担心孩子出去后会遭遇文化冲突,与其担心,不如帮助孩子提前了解对方的文化。在我和臭蛋作出去美国留学的决定之后,我和他便开始了一轮有针对性的阅读。我们认为,要了解一个国家,地理上的了解是需要的,但更需要的是从历史中去挖掘这个国家的精神之源、文化之根。

我们的阅读书单包括非虚构和虚构两方面。

我记得在我们的非虚构阅读书单中，有两届普利策奖得主戴维·麦卡洛所著的《1776：美国的诞生》；有美国国家图书奖得主约瑟夫·J.埃利斯的多部经典之作，如《华盛顿传》《杰斐逊传》《美国创世纪》《缔造共和》；还有虽然厚达近千页，但真的能让人一口气读完的罗恩·彻诺的《汉密尔顿传》，这部佳作生动讲述了虽然没有做过美国总统，却是现代美国真正缔造者的汉密尔顿的故事。另有一本《阿尔比恩的种子：美国文化的源与流》，也让我们获益匪浅，它从英国文化这一源头出发，去探究美国文化的基因，进而解析美国的立国之本。

在我们阅读的小说里，印象最深的是那本1975年获纽伯瑞儿童文学奖的《亲爱的哥哥山姆》，这部小说是很多美国中学的指定课内读物。故事从一个12岁少年的视角，讲述了美国独立战争对他自己和他的家庭造成的影响。故事依据真实的历史材料创作而成，语言精练、生动，启发孩子从另一个角度去思考战争。虚构的小说和非虚构的历史作品互为补充，彼此不能替代。

除了历史上的美国，臭蛋也通过阅读伊

隆·马斯克这类被今日美国人奉为英雄的人物的传记,去理解今日美国人的所思所想。

纪录片也是了解美国的好途径。我和臭蛋曾津津有味地看2012年出品的8集纪录片《美国商业大亨》。其实,这个译名没有准确传递英文原名——《造就美国的人》(*The Men Who Built America*)的精髓。确实,美利坚合众国不是被发现的,而是被建设的,就是约翰·洛克菲勒、科尼利尔斯·范德比尔特、安德鲁·卡内基、约翰·雅各布·阿斯特、亨利·福特和约翰·皮尔庞特·摩根这些人建设了它,他们的名字与美国梦同义。纪录片用一次次的技术革新,把这些人的故事巧妙连接起来;而这些人的故事,又生动展现了美国工业化的历程,以及这一历程中所经历的内战、经济大萧条与腾飞。

我和臭蛋还会去了解美国各种节日的来源。比如感恩节,背后隐藏着北美拓荒者和印第安原住民的一段交往史;圣诞节、复活节都源自基督教,虽然我们不信教,但了解些基督教的基础知识,有益而无害。

最后的准备是习惯上的准备。小留学生去了

国外为什么会管不住自己？因为在此之前，家长没有助其养成好的习惯。

关于习惯的养成，说来话长，且听下回分解。

妈妈永远「在线」

第3章

为什么不请我上台演讲？

> 做助攻，不"逼宫"，是我和臭蛋他爸达成的共识之一。
>
> 你可能很难想象，今天能够站在戏剧舞台上"秀逗"的臭蛋，能够在3个月里组织三十来号人排练节目的臭蛋，能够担任学生导演的臭蛋，曾经是一个多么害羞、胆小的小人儿：哪怕是进一家玩具店，他也要躲在店外，等店里没有其他孩子后才敢进去。

2018年1月底，我和臭蛋他爸送臭蛋去西雅图的一所小型私立学校就读，开始九年级第二学期的学习。21天后，我回来了，臭蛋他爸留在那里陪读了一个学期。

在我把 15 岁少年送出去留学这件事上，朋友们分成两派：一派说，哎呀，你怎么舍得？因为平日里他们看到的都是我对臭蛋的各种宠溺。一派说，小孩就得这样扔出去，别管他，他自然会成长的，你们干吗还要让爸爸陪？

坦白说，两派的观点我都不认同。

所谓舍不得，自然是因为爱孩子。但简简单单的一个"爱"字，蕴含的学问实在太大了。怎样的爱才是智慧的爱？很难用三言两语说清楚。实在要说，我想说两个字——合适。智慧地爱孩子，就是尽量为孩子作出合适的选择。怎样的选择才是合适的？我想，前提是家长要真正了解自己的孩子。能否真正了解自己的孩子，要看在孩子的成长过程中，父母花了多少时间陪伴孩子，陪伴的质量又如何。

此外，父母自身的视野要开阔。在孩子成年之前，他的视野难免受父母的影响，其实，成年人的视野也常常受童年经历的影响。如果父母能看到眼前 1000 米处，孩子至多能看到 999 米处；如果父母只能看到眼前的鸡零狗碎，怎能指望孩子有仰望星空的情怀，有奔赴诗与远方的豪情？

所以，在孩子成年之前，父母责任重大。因为父母再怎么尊重孩子的意愿，也无法避免不替孩子作选择，不对孩子产生影响。很多时候，影响是无形之中传递的。

比如，臭蛋愿意出国留学，但一开始他是不接受寄宿家庭的，要求只选寄宿制学校，即能提供宿舍的学校。后来的事实证明，住宿舍未必都好，住寄宿家庭家中未必都不好。臭蛋当时对寄宿家庭的抗拒心理从何而来？仔细想想，还是因为我和臭蛋他爸听到一些关于寄宿家庭的负面例子，在平时的交谈中，不经意地流露出来，让臭蛋接收了这些信息。尽管我遇事都和臭蛋商量着办，尽量听取他的意见，但实际上作决定的主要责任还在父母身上。父母一定要放眼未来，考虑问题要有前瞻性，才能作出更有利于孩子的决定。

送臭蛋出国留学，正是我们基于他的未来发展作出的决定。我承认，臭蛋在我身边时，我看着的确像个溺爱孩子的妈妈，但我心里明白，其实我只是愿意把爱表达出来。受传统观念影响，中国父母不太习惯向孩子高调示爱，但我愿意时时刻刻让臭蛋知道我多么爱他。我对他的爱，无关他考了多少分；我对他的爱，既是对他优点的赞赏，也是对他缺点的包容。我一直让他知道，他越多发展自己的优点，越多改掉自己的缺点，就是在越来越完善自己，而不是在取悦我。因为，无论他是什么样子，我对他的爱不增不减，不离不弃。

我大概是个"心口不一"的母亲。我的意思是，我嘴里整天说着"臭蛋，妈妈爱你"，但在行动上，很多时候我是会下狠手的，比如送他出国这件事。我至今记得华东师范大学一位不知名的女教授的话。有一天，我去这所大学拜访一位男教授，我跟着这位教授去他办公室时，路上碰到了他的女同事。寒暄时，男教授问女教授想不想在外留学的孩子，女教授回答得干脆利落，"舍不得孩子是父母的自私"。这句话对我的影响用醍醐灌顶来形容都不过分。

舍得孩子是不是就如另一派朋友所说的，把孩子扔进人生的海洋里，任由他在呛水中学会游泳？不是，我绝不做这么残忍的事。

臭蛋他爸陪读一个学期，是我和他仔细商量

后的决定。我们觉得，给臭蛋的这个过渡时间不长不短，正正好。陪是因为孩子毕竟要到一个完全陌生的环境中，面临语言、生活、学习、社交上的多重挑战。很多孩子出国后陷入抑郁，与最初不堪重负、无法顺利过渡有很大的关系。我觉得，必须不断地给孩子设置挑战目标，但请一次只给一个挑战，不要逼着孩子多头作战。此外，大部分中学阶段出国留学的中国孩子都会选择重读一年，但臭蛋没有重读，而是作为插班生，继续九年级第二学期的学习。所以，我和臭蛋他爸决定，这一个学期就让他集中精力应对学习上的挑战，同时慢慢适应语言环境，暂缓生活上的挑战。

说起来，臭蛋他爸也很不容易，作为一枚不懂英文的纯正"土鳖"，他硬是在美国"愉快"地待了半年。他带着臭蛋，租住在臭蛋同学家的一幢房子里。每天饭后，他总喜欢站在自家门前，对着不远处也站在自家门前的房东，热情地招呼："嗨，吃了没？"用的是纯正的中文。房东回以纯正的美式英文。两人鸡同鸭讲地"交流"了一番，便各自愉悦地回屋了。

妈妈永远「在线」

白天，臭蛋他爸除了接送臭蛋上下学，还利用我也在美国的21天里陪他摸熟的周边道路，去超市购物，去洗衣房洗衣服，去理发店理发。五个半月里，臭蛋他爸带着臭蛋参加了几次家长组织的活动，颇受美国妈妈们的欢迎。那年春假，他还带着臭蛋开车旅行——看了华盛顿大学西雅图分校的樱花，去了附近的国家森林公园。臭蛋他爸做菜是把好手，每天他会给臭蛋准备好带去学校的午饭。很快，小朋友们就会在中午围上来，从臭蛋碗里扒拉走一块糖醋排骨什么的。陪伴的这段时间里，臭蛋他爸不仅在生活上照顾臭蛋，也在某种程度上为他在新环境中"破冰"做了助攻。

　　做助攻，不"逼宫"，是我和臭蛋他爸达成的共识之一。今天臭蛋能够站在戏剧舞台上尽情"秀逗"，能够在3个月里组织三十来号人排练节目，能够担任学生导演，可能让你很难想象，他曾经是一个多么害羞、胆小的小人儿：哪怕是进一家玩具店，他也要躲在店外，等店里没有其他孩子后才敢进去。为此，我也曾焦虑过，也曾像很多家长那样，在各种场合逼着孩子作出各种表现。但很快我就发现，越逼孩子，孩子越难受、越退缩。

怎么办？答案是：不要逼孩子，而是给孩子做榜样。

为了引导他慢慢打开心灵，学会与人交往，在臭蛋小的时候，我带着他去小区草坪上玩。我会故意和别的小朋友搭讪，然后和别的小朋友一起踢球、玩游戏。臭蛋先是在旁边看，几次下来，他就会参与进来。

一年级结束的那个暑假，有位妈妈提议，我们家长自发搞一台纳凉晚会。我积极响应，从策划、撰稿到排练，做了大量工作，只为为臭蛋争取一个当小主持人的机会。还记得那天晚会开始时，臭蛋拿着话筒说："大家好，我叫……"然后就忘了自己叫啥。女主持人正是他的小同桌，实在看不下去了，抢过话筒说："你叫臭蛋！"在场的家长和同学都笑了，臭蛋自己也不好意思地笑了。感谢这个善良、温暖的集体，感谢那些体谅我的用心并给予我和臭蛋机会的爸爸妈妈。小学毕业后，回忆起这个集体，总觉得我和臭蛋特别幸运。

在一次次示范、一次次创造机会中，臭蛋慢慢地、一点点地打开了心扉。

其实，如果家长足够细心，是可以发现，每个孩子的内心都有向上、向外的渴望的。

向上的渴望就是一种进取心。没有一个孩子生来就自暴自弃，随波逐流，甘于做"学渣"，无非是在父母日日的责骂声中，渐失了自信，继而在学校的竞争环境中，变得愈发不自信。坦白说，今天的学校、今天的老师，比以往任何时候都更注意教学方式，尤其是批评的方式，都更注意保护孩子的心理健康，甚至到了小心翼翼的地步。但今天的孩子表现得比以往任何时候的孩子都脆弱，甚至会选择跳楼等极端方式应对一点点挫折。在我看来，家庭恐怕要为此承担更大的责任。学校就像一杯水，这杯水当然不能有毒，但也不能要求这杯水是蒸馏水。学校不可能做到，真做到了，这杯水也不能提供营养了。假设学校能提供百分百纯净的环境，孩子离开学校后踏入的社会能百分百纯净吗？不能。家庭的作用好比为孩子打造强壮的身体，身体好，抵抗力强，正常喝点水，就没那么容易闹肚子。如果父母一直用温暖、民主的态度对待孩子,一直与孩子保持良好的沟通,孩子就既有健康、健全的心态去适应学校这个小社会里的竞争,也会愿意与父母分享学校生活的点滴——快乐也好,挫折也罢,情绪都有了出口。孩子会有安全感,觉得什么都可以跟父母说,父母什么时候都不会抛弃自己。那些跳楼的孩子在跳下的一瞬间,一定感受到深深的绝望,无处诉说,无人倾听,无法承受……

我在臭蛋身上就看到了这种向上的渴望。

举两个例子。第一个例子是,我在他的铅笔盒里不止一次地发现一种非常小、非常小的纸团,不仔细看的话,很可能会把它当成碎纸屑扔掉了。好在在孩子的事情上,我真的特别仔细。我悄悄打开看,是臭蛋用铅笔记录的非常小、非常淡的数字,数字旁边是班里两个优等生的名字。原来,这是他记录的同学的成绩。现在都不允许学校搞成绩排名,所以每次考完试,老师只会口头报一下分数,臭蛋就偷偷记下班里的高分。你看,不需要家长大呼小叫地说,"你怎么不像隔壁家的谁谁,考个100分",孩子自己就憋着一口气。

事实上,随着臭蛋的年级升高,我在学业上

能帮的越来越少，我的陪读从真的陪着读他的书，变成他做他的功课，我做我的工作。臭蛋后来学习成绩有所提升，但这不是我陪读的功劳，而是因为他内生出学习动力。我唯一做对的是，在他因起步晚而遭遇学习困难的时候，没有抛弃他，而是和他并肩作战。

第二个例子是，很多家长发愁孩子不认真做功课，甚至有孩子第二天交不上作业。这样的事情几乎从没在臭蛋身上发生过。相反，从他上学开始，如果他做错事了，我对他的惩罚恰恰是不给他做作业。这样反着来，臭蛋就会觉得做作业是他的权利，而不是义务，更不是负担。哪一次真的不让他做作业了，他急得小脸通红通红的。

向外的渴望就是一种表现自我和与人交流的欲望，这是人的本性，孩子也不例外，害羞、内向的孩子同样如此。当孩子还在试探和犹豫着如何向外打开时，家长要有足够的耐心，可以不留痕迹地助推，但不要强迫孩子。

臭蛋一年级时的主持生涯虽然以"失败"告终，但因为没有人嘲笑他，他便没有产生沮丧感，在我和臭蛋他爸的鼓励下，还觉得自己能坚持到最后就很了不起了。从那以后,他开始有些自信了。这正说明,孩子的挫败感、沮丧感是成年人给的,成年人很容易用动作的完成度、完美度来评价孩子的行为,而不是赞赏这个行为本身具有的积极意义。

臭蛋读三年级的时候,我又寻找机会,让他作为小学生代表,参与重要论坛活动中的一个小环节。论坛的主办方之一是联合国开发计划署,论坛结束前,开发计划署要发布一本环保白皮书,除了时任署长的海伦·克拉克女士和该署亲善大使、影星周迅等重要人物之外,还需要两位学生代表,一起按下启动键。活动前,我和臭蛋他爸帮助臭蛋练习走位、按键动作等。活动当天,他完成得很好,收获了"淡定哥"的称号。

更有意思的是,下台后的臭蛋跟我谈了三点感受,其中也包含他对我的要求。第一点,要求我这位"妈妈秘书"以后要合理安排时间,不要再让他等那么久才上场。第二点,在台上时,那么多照相机对着他咔咔咔,他觉得可比以前只有妈妈手里一个镜头对着自己威风多了,他有种当明星的感觉。第三点,为什么其他人都演讲,却没有邀请他演讲？他希望下次他也可以演讲。

从不敢走进玩具店，到要求上台演讲，只有我这个老母亲知道走过的路有多长。

接着聊留学的事。

初到美国，我"嗅"到了臭蛋内心紧张的气息。这很正常，因为连我都会感到紧张，消除他的紧张感的办法依然是用我们自己的行动去影响他。

开学第一周的周五中午，我和臭蛋他爸去接他放学。校长告诉我们，晚上有一场学生诗社组织的诗歌朗诵会，门票5美元，是对诗社的捐赠。如果我们有兴趣，可以参加。我毫不犹豫地回答她，我们会全家一起来。

下午闲着没事，我想，虽说是学生诗社的活动，但万一现场也让家长上台呢？人不能打无准备之战。想起自己一度很喜欢黎巴嫩诗人卡里·纪伯伦的散文诗《致孩子》，我就从手机上找出英文文本，在家练习朗诵。

当晚先是孩子们上台朗诵，有些孩子念的还是自己写的诗，其中一个特别有才华的孩子就是我们房东的儿子。我悄悄捅捅臭蛋，怂恿他也上台,他不肯。我知道自己儿子是慢热型,便不再逗他。

过了一会儿,果然,校长鼓动家长也上台朗诵。在此之前,我一直以为美国家长都很开朗、外向,没想到,校长说完后,没有一个美国家长站起来响应。于是,我站了起来。其实那一刻我的心怦怦直跳,我的英文发音不太行,但想到要求儿子做到的,我自己首先要做到,便什么也不怕了。

我站在台上,告诉大家,我们一家来自中国,来到这里还不到一周,我将把我最心爱的儿子留在这里,留给大家,请大家多多关照。我把我最喜欢的诗,送给大家。

然后,我便朗诵了这首《致孩子》,现摘录在这里。我真的很喜欢这首诗,我啰唆半天,哪及这首诗表达得精准、深邃呢?

致孩子

(黎巴嫩)卡里·纪伯伦

你的孩子,并不是你的孩子。
他们是生命对于自身渴望而诞生的孩子。

他们借助你来到这个世界,却并非因你而来,他们陪伴你,却并不属于你。

你可以给予他们爱,却不能给予他们思想,

因为他们有自己的思想。

你可以庇护他们的身体,却不能庇护他们的灵魂,

因为他们的灵魂属于明天,属于你即使在梦境中也无法到达的明天。

你可以拼尽全力,变得像他们一样,却不要想着让他们变得和你一样,

因为生命不会倒退,也不可能在过去停留。

你是弓,你的孩子是弦上即将发出的生命箭矢。

弓箭手遥望未来之路上的箭靶,

用尽力气将你拉开,使箭射得又快又远。

你们怀着愉悦的心情,在弓箭手的手中弯曲吧,

因为他爱一路飞翔的箭,也爱无比稳定的弓。

Your children are not your children.

They are the sons and daughters of Life's

longing for itself.

They come through you but not from you,

And though they are with you, yet they belong not to you.

You may give them your love but not your thoughts,

For they have their own thoughts.

You may house their bodies but not their souls,

For their souls dwell in the house of tomorrow, which you cannot visit, not even in your dreams.

You may strive to be like them,

But seek not to make them like you,

For life goes not backward nor tarries with yesterday.

You are the bows from which your children as living arrows are sent forth.

The archer sees the mark upon the path of the infinite,

And he bends you with his might that his arrows may go swift and far.

Let your bending in the archer's hand be for

gladness,

For even as he loves the arrow that flies, so he loves also the bow that is stable.

在我朗诵的时候，我眼角的余光扫到了站在舞台一边的校长，我觉得那一刻，我从她眼中看到了热情，而不是之前的礼貌。我朗诵完下台的时候，有两位美国妈妈过来拥抱了我，还有一位妈妈紧接着我上台，用西班牙语朗诵了一首诗。

活动结束后，一位年长的女士过来对我说："在你朗诵的时候，我哭了。"后来我才知道，她是臭蛋的文学课老师兼戏剧社指导老师。臭蛋在美国读高中的三年半时光里，她几乎是影响臭蛋最深的人，我非常感激她。臭蛋从没想过参加戏剧社，但这位老师邀请臭蛋发挥自己的计算机编程特长，担任戏剧社的灯光师。当臭蛋在幕后看着同学们的表演两眼放光时，我相信，她一定及时捕捉到了这一刻，因为在排演下一部新剧时，她邀请臭蛋参加选角试镜。臭蛋一时没有足够的勇气去，午间休息的时候，她专门来找臭蛋，对他说："我给你第二次机会，你一定要来。"就是这第二次试镜机会开启了臭蛋的"戏精"人生。他演过一个仆人，从年轻时候演到年老时候；他演过一个因受诅咒不能说话，只能用肢体动作表情达意的国王；他甚至还反串了一个尖酸刻薄的老太太，戴着假发套，穿着裙子……他非常享受谢幕时观众全场起立喊他名字的那种快乐，还在微信上传给我照片——观众写给他的卡片，送给他的花。

臭蛋越演越顺的时候，又是这位老师给了他新的挑战，也就是新的机会——担任学校有史以来最大型的一部剧的舞台经理。三个月里，臭蛋组织、协调三十多名演职人员一起工作。每当有人缺席排练，臭蛋就自己顶上去；每天排练完，他又要仔细记下走位、台词的变化，然后在第二天提醒大家。他的笔记记了厚厚一大本。那三个月，对此生做过的最大的"官"只是个小组长，且只做了一个多月就"下台"的臭蛋来说，是一次极好的锻炼领导力的机会，也是极好的和同学真正打成一片的机会。

臭蛋告诉我，在首演之夜，他看到演出那么成功，那种兴奋感、成就感好像超越了自己在台上演出的感受。这不就是在培养孩子奉献社区的意识吗？我对美国学校对戏剧、体育等课外活动的重视深以为然。

这位老师之所以会对臭蛋慧眼识珠、情有独钟，有没有一点点我那天朗诵诗歌的功劳呢？不得而知。但我暗自鼓励自己：一定是有点功劳的。因为我让老师看到了臭蛋身上潜在的"戏精"基因，更重要的是，我让臭蛋看到了妈妈的勇敢。

妈妈勇敢，爸爸也勇敢。有一次，臭蛋他爸去超市购物，把车停在停车场。出来时发现，车子被一个16岁美国高中生停车时撞了。美国的停车场很少有摄像头，但这孩子留在原地等了臭蛋他爸几乎一小时。他根据臭蛋他爸提供的保险公司的电话报警后，保险公司打来电话，讲了一通英文。臭蛋他爸静静地听完，然后非常"霸气"地回复了四个单词："English, no; Chinese, please"（不会英文，请说中文）。对方又是一通英文，然后挂了。5分钟后，保险公司再来电话，电话那头换成了中文翻译的声音。臭蛋他爸身处一个陌生环境，同样碰到了很多困难，但他从不抱怨，总是乐观、积极地面对，这都是在给臭蛋做示范。

我在前一章的末尾说到,送孩子出国留学前应该做好三个准备,第三个准备是习惯上的准备。现在说了这么多,其实就是在讲第一个习惯:培养孩子打开心扉去探索未知的习惯。

或许有人说,这不是习惯,这是天性,与一个人是内向还是外向有关,而天性是很难改变与培养的。正因为考虑到有人会有这样的想法,我才花了这么多笔墨来细细描述臭蛋的变化——从封闭走向开放,以此证明,一个人对新环境、新知识是抗拒还是乐于探索,是一种可以细心培养的习惯。开放的心态、勇敢的精神并非天性,而是对待外部的人与事的一种习惯性反应。直到今天,臭蛋依然不是一个特别活泼的孩子,不是那种到了任何场合都能和任何人自来熟的人,但他不会再害怕、再退缩,而是能主动理解、主动调适自己,因为他的习惯已养成。

第4章

永远会出幺蛾子

那一刻,是迄今为止我和臭蛋面临的最艰难的时刻。

为了写这本书,我重新回忆了整个事件的经过,然后发现,哪怕事后回想,也不得不说,我和臭蛋都足够理性:我没有乱发脾气,他没有犟头倔脑,我们母子俩同心协力去解决问题。

以开放心态,去勇敢尝试和接纳新事物,并不意味着臭蛋什么都会接受,并不意味着他会不假思索、不加选择地改变自己,去迎合他人、适应环境。相反,他是一个思考在前、行动在后的人,也是一个很自律的人。基于独立思考的自律,就是我要讲的家长应该帮助孩子养成的第二个习惯。

还是从故事说起。

送孩子出国留学，是件你试图做万全准备却永远会出幺蛾子的事。过完2018年暑假，我们送臭蛋返校。在我们看来，他已经顺利度过了适应期。尤其让我们自豪的是，他的成绩突飞猛进，在美第一个学期就拿到了接近3.7的未加权GPA，除了有一科的成绩是B，其他科的成绩都是A。或许大家会认为美国中学教的内容比较简单，所以中国孩子过去后成绩普遍变好了。我想说，这不是事实，这种观点抹杀了孩子的努力。美国高中所教的内容有些确实比国内简单，但也有比国内难的地方，比如文学、历史、艺术等科目，需要大量的阅读以及有独立思考能力。即使是数学、物理、化学这些中国孩子似乎普遍拿手的科目，也面临语言上的转换，涉及很多专有名词。臭蛋在美国取得的成绩比在国内时好，说明美国的教育更适合他，避了他的短，扬了他的长，但这也跟他自身的努力分不开。因为是插班生，他错过了整整一个学期的物理课，当臭蛋鼓足勇气请老师给他补课时，老师只是让同学来教他。两个孩子在一起捣鼓，一个完全不会中文，一个英文还没完全适应，不晓得两人怎么合作的，臭蛋的物理莫名其妙地就跟了上去，后来还常常拿班里唯一的满分。

从十年级开始，臭蛋住进了学校宿舍。我和臭蛋他爸帮他安顿好，就飞回上海。

这回，是真的放手了。

因为臭蛋在外留学，我养成了每天睁开眼就查看邮箱的习惯。在我们回国的第十天早上，我才醒就看到学校发来的邮件，脑袋一下子炸了。

摇醒臭蛋他爸，我向他转述了邮件内容：臭蛋和同宿舍的中国孩子卢克打架，还是臭蛋先动的手。学校给予了最高级别的处分：留校察看一学期，如有再犯，立即开除。

现在回想起来，还好我和臭蛋他爸都沉得住气。我做了几个深呼吸后，拨通了臭蛋的微信语音电话。他很快接起来，我想，他应该早就在等我找他了。没有责骂，我说的第一句话是："妈妈看到邮件了，相信一定事出有因，你现在把事情原原本本地告诉妈妈，不要有任何隐瞒，不要遗漏任何细节。"

在臭蛋的讲述下,我捋清了事情的经过:宿舍是学校向小镇居民租的一幢独立的房子,共有三个房间,每个房间住两个男孩,包括臭蛋在内,有六个中国男孩入住,其中三个是新生。开学之后,臭蛋继续参加学校机器人俱乐部和戏剧社的活动,同时,继续他始于暑假的一个如何使云计算加速的计算机研究项目。这个项目需要臭蛋自学部分大学数学知识以及相关的计算机算法。遇到出现错误的时候,是很恼人的,需要臭蛋一行行跑代码去试错,就像在一堆乱麻里揪小臭虫。另外三个新生因为离开了父母的管束,第一次尝到了自由的滋味,一时间开始疯狂打游戏。除了上课,他们不参加社团活动,回到宿舍就连线打游戏。游戏总是越多人打越热闹,他们便邀请臭蛋加入,臭蛋回绝了。他一般和大家一起在餐厅吃晚饭,吃完后就回自己房间做功课或者做项目。

几次邀约,几次被拒绝,其他孩子都没什么,唯有卢克,在十天时间里四次进入臭蛋的房间,要求他出来打游戏。发生冲突的那天是他第四次进入臭蛋房间,说了一些挑衅的话,让臭蛋最终失控,打了卢克一拳。卢克返身回到客厅,拿起灭火器。这时候，其他孩子还是非常懂事的，扑上来抱住了卢克。宿舍管理员迅速介入。

听完臭蛋的讲述，我问他第一个问题：卢克之前三次未经允许进入你的房间，你有没有向宿舍管理员或校方反映？在美国，个人隐私很受重视。比如，校方不允许我们家长进入宿舍，进入自己孩子的房间。因为校方认为宿舍里还有别的孩子，每个孩子的隐私都要得到保护。卢克并非臭蛋室友，未受邀请，他是无权进入臭蛋房间的。

臭蛋说，他之前没有向学校报告过。我说："你错过了合法解决这件事的机会，现在，无论之前谁对谁错，在你挥拳的那一刻，你已经百分百错了。"

第二个问题是："对于这次冲突，你现在是怎么想的？"臭蛋说，他已经明白自己行为的严重性，已经向卢克道歉，感谢他愿意和解，而不是报警。臭蛋提出，请我以家长的名义，写封邮件向卢克的父母致歉。我说："好的，但我首先需要写邮件给学校。我会在写给校方的邮件里谈以下四方面内容：第一，在处罚的文件上签字，表示完全同意和接受这个处罚；第二，向校方完整反映冲突的前后经过；第三，请求获得卢克父母的邮箱，以便我向他们致歉，并表达愿意承担可能产生的全部医疗费用的意愿；至于第四点，则需要和你商议后再写，那就是——如果卢克第二次挑衅你，而你第二次情绪失控，怎么办？因为这意味着你将不能留在学校继续学习了，但被一所学校开除后是很难找到第二所学校接收你的。"

那一刻，是迄今为止我和臭蛋面临的最艰难的时刻。我对臭蛋说："现在，你不要去考虑妈妈已经支付了宿舍的费用，而是放空一切，发自内心地告诉妈妈，你想在宿舍继续住下去，还是由妈妈出面，请学校为你安排寄宿家庭？"

臭蛋的回答让我永生难忘。他在片刻的沉默之后，用一种特别平静、特别坚定的语气对我说："妈妈，我选择继续住宿舍。因为如果我就这样搬走了，我失去的不仅仅是卢克这一个同学，还会失去其他中国同学，大家会变得疏远的。我也不能碰到问题就逃，以后要是没地方可逃，我该怎么办？"

那一刻，我深深地觉得，我和臭蛋他爸没有白白选择勇敢，因为我们教出了一个同样勇敢的孩子。

我用平静而坚定的语气告诉臭蛋:"妈妈支持你的决定,但请记住,无论什么时候,只要你觉得虽然努力了但确实没法继续住下去,就不要有任何犹豫,告诉妈妈。我们一起面对,一起寻找解决办法。"

电话那头,传来一声重重的"嗯"。

挂了电话,我开始给学校写邮件。叮咚,臭蛋在微信上追来一句话:"爸爸妈妈,谢谢你们,有你们这样的坚强后盾,真好。"

给学校的邮件发出不到五分钟,校长的回复就来了。我一直保存着这封邮件,没舍得删,虽然错在臭蛋,但校长在邮件中明确表达了对臭蛋的理解和原谅。她说:"通过一个学期的相处,我们已经相当了解迈克了,他是一个温和、理性的孩子,如果不是因为受到极大的骚扰,他是不会如此失控的。"校长请我们放心,校方会时刻关注两个孩子,确保两人的物理距离,不让他们再起冲突。

校长的邮件提醒了我一件事:到底是怎样的挑衅,能让一贯温和、理性的臭蛋失去理智?我

妈妈永远「在线」

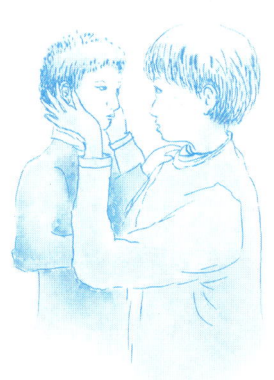

再次连线臭蛋。

听得出来,面对我的询问,臭蛋有点扭捏。我说:"没有什么是不能跟妈妈说的。"

臭蛋这才告诉我,卢克说他待在自己房间里是为了看"黄片"。

我问:"那你看了吗?如果看了,也没关系,跟妈妈说真话。"

"我当然没看!"臭蛋提高了声音。

"那卢克这句话为什么给你这么大的刺激?"我接着问。

"他这么说是在侮辱我!"臭蛋回答,"我没看过'黄片',但我知道那是很不好的人才会看的东西。他这么说,让我感觉很丢脸,我怕其他同学会相信他的话。"

突然之间,我理解了臭蛋的这次过激反应。每个孩子的成长环境不同,在卢克看来,他的话不过是句戏谑的话,但在臭蛋看来,这是非常严重的指控,他因为害羞而愤怒了。

这让我有了另外一种担心。我放慢语速,一点点地深入聊下去。我告诉臭蛋:应该有很多男孩,甚至包括女孩,都看过"黄片"。青春期的少男少女难免会对性产生好奇和困惑,而我们目前的性教育不是特别完善,他们就通过"黄片"来获取相关知识。对大多数人来说,这是阶段性的,青春期过去了,性的谜团解开了,"黄片"就没什么吸引力了。只有极少数人会沉迷其中,走不出来,那很可能是生病了,心理上的病。所以,不要把看过"黄片"的人视为坏人,那不过是一个人成长中可能经历的一个阶段。此外,这个世界是由各种各样的人组成的,是多元的,不是非黑即白的,每个人的道德水准、自我要求也不一样,有高有低。我们只能对自己有要求、有约束,但不能拿自己的道德标准去评判别人、要求别人。具体到这次事件,我们不如把卢克的这句话当成一种玩笑,因为极有可能他就是认为自己不过是在开玩笑。严己宽人,既是为人,更是为己,可以让自己不纠结、不拧巴地生活。

聊完之后,我叫臭蛋好好睡一觉,不要带着负担开始新的一天。挂断电话前,臭蛋跟我说:"妈妈,我还是不会跟他们一起打游戏的,我不会因此改变自己,去迁就他们。"我说:"你想得非常对,但你可以略加改进,比如每天吃完晚饭后和同学聊一会儿天,然后再进自己的房间。"我教给他一些和卢克化解尴尬的小窍门,比如,在餐桌上主动为卢克递餐盘。可惜,臭蛋这么做了大半年,卢克依然与臭蛋形同陌路。我和臭蛋都认为,虽然人应该广交朋友,但也不必和每个人都成为朋友。人各有志,勉强不得。

为了写这本书,我重新回忆了整个事件的经过,然后发现,哪怕事后回想,也不得不说,我和臭蛋都足够理性:我没有乱发脾气,他没有犟头倔脑,我们母子俩同心协力去解决问题。

冲突之后的整个学期,我其实都非常担心,担心臭蛋和卢克再起冲突,担心臭蛋因为不打游戏而被自己的同胞孤立。但让我欣慰的是,臭蛋真正做到了留学前我跟他说的:融入而不迁就,与其围着别人打转,不如做闪耀的自己,吸引别人过来。臭蛋和除了卢克之外的其他中国孩子都建立和保持了良好的互动关系。当有同学因为拔牙而发烧,躺在床上休息时,只有臭蛋想到给他留晚饭,想到把自己买的草莓洗好送去他的房间,想到给他倒水吃药。

在戏剧社的精彩表演也为臭蛋赢得了美国同

学的友谊,他被美国同学邀请去家里玩。那天的周末聚会有五六个孩子参加。下午,他们在沙滩上玩游戏,而不是玩电子游戏;晚上,他们点起篝火,会乐器的孩子表演了节目。之后,他们一起回同学家,继续聊天。一些有备而来的同学拿出睡袋留宿,臭蛋则由同学的妈妈送回了宿舍。第二天,臭蛋不无遗憾地对我说:"妈妈,我真后悔没有带上我的睡袋。"出国前,我们特意去迪卡侬为他买了全套户外装备,包括睡袋。

我和朋友们聊起这次危机,除了评论事件本身之外,另有一个点是他们特别关注的:为什么很多孩子的出国留学变成出国打游戏?哪怕不出国,在父母眼皮底下也总想着钻空子打游戏,而臭蛋可以管住自己?我想,差距就在于孩子是否从小养成自律的习惯,也就是出国准备之习惯的准备中的第二个习惯。

自律是由内而生的自己对自己的约束,不需要外界施加压力。自律是果,对事物有清醒的认识是因。认识正确,行为才能自律。对于游戏,臭蛋有自己的认识。他还是个小学生的时候,曾跟我说:"妈妈,我觉得聪明的人设计游戏,不聪明的人拼命玩游戏。"初中时，他的成绩慢慢爬升，老师便让他在班会课上分享自己的学习方法。臭蛋连说了三条学习方法之后，话锋一转，说："其实这三条方法不是什么秘密，大家都知道，重要的是，能不能做到。有人做完功课找你打游戏，打游戏对他来说是放松；你不做功课，今天陪这个人打游戏，明天陪那个人打游戏，最后'赔'掉的是自己的人生。"

培养孩子自律也需要一个过程，过程中最重要的是尊重和信任。曾有一个男孩妈妈告诉我，暑假里，为了不让孩子打游戏，她给家里的 iPad 设了密码，上班时还带走了家里电视机的遥控器。但等她回到家，密码被孩子破解，电视机机箱是烫的。而臭蛋暑假在家，他的日常安排是上午做功课，吃完中饭后开始看书。有时也会在微信上跟我说："妈妈，我打会儿游戏。"我都会说好的。等我下班回家，我会悄悄查看他放在书里的书签，一般书签的位置都往后挪了不少，可见他的时间主要花在读书上了。游戏对他来说，真的就是饭后的消遣。

看到这里，可能大家要问，臭蛋为什么那么

爱读书?这正是我想说的,要帮助孩子养成的第三个习惯——阅读的习惯。我固执地认为,爱阅读的孩子很少会学坏,因为阅读就是让人向善的。我需要用整整一个章节来细述,我是怎样连哄带骗让臭蛋爱上阅读的。

妈妈永远「在线」

第5章

开始了我的"表演"

我们常说养成习惯,可见,让孩子爱上阅读不是一天两天可以做到的,也不是父母一声令下可以实现的,而是要"养"。

"养"是你播下种子,不疾不徐,和风细雨,等它慢慢生长。"养"是从现在开始,用自己的言行,在一个个细节中,一点一滴地将阅读融入日常家庭生活,进而化为孩子的习惯。

在外留学,臭蛋可以管住自己,不沉迷游戏,是因为他发现游戏之外另有精彩的世界,那个世界就是书的世界。

总有人问我:你是如何让你的孩子爱上阅读的?

我常常反问：你自己喜欢阅读吗？

我真的无意冒犯，但孩子喜不喜欢读书，怎能和家长没关系？也许有人会说，那文盲就不能培养出优秀的孩子吗？好在我有被文盲抚养长大的经历，并不怕这样的抬杠。在龙应台的《什么是文化》一文中，有这样的细节："在台湾南部乡下，我曾经在一个庙前的荷花池畔坐下。为了不把裙子弄脏，便将报纸垫在下面。一个戴着斗笠的老人家马上递过来自己肩上的毛巾，说：'小姐，那个纸有字，不要坐啦，我的毛巾给你坐。'字，代表知识的价值，斗笠老伯坚持自己对知识的敬重。"我在上学之前都生活在乡下，晚上和奶奶睡在一起。我的奶奶不识字，但她对有字的纸的态度，和文中的老伯一模一样。

在奶奶的影响下，我对写有字的纸从小就有一种敬畏感。对于一屁股坐在或一脚踩在报纸上、书上这件事，我是有心理障碍的。哪怕被环境所迫，不得不将书垫在屁股底下，我也会如坐针毡，只想尽快摆脱。

后来，我随母亲回到母亲出生的小镇上学，便很少见到奶奶了。再后来，我从大人的谈话中知道奶奶得了病,肚子里都是水,胀得圆鼓鼓的。在那时的农村,一个乡下老婆子要是得了重病,多半只能在家自生自灭。我的父亲和他的兄弟似乎没有为奶奶做什么,至少就我所知是这样的。听大人们说,奶奶的病发展到后期,身上有一股臭味,村里人便有些嫌弃。但所有这些我都不甚了了,没有人明白告诉我是怎么回事,也没有人带我回乡下去看奶奶。很多年过去后,我的母亲才告诉我,我中考前,也就是奶奶临终前,她曾一步步挪着,最终几乎是爬着去十几里外的地王庙,为我烧香,求菩萨保佑我"高中"。

我曾在数年时间里不断梦见奶奶,梦见她像以前那样,在昏黄的灯下,一边折零食包——她买来大包的零食,分装在小三角包里,放学时守在村头的学校门口,卖给学生——一边唠叨:"我的宝啊,你要好好读书啊,等你赚到钱了,你给奶奶多少啊……"我常常从这样的梦中哭醒。我第一次领到工资后不久,某晚又做梦,梦里我头脑特别清醒地在计算我的工资,琢磨着该给奶奶多少钱。算着算着,突然意识到奶奶其实已经走了……

所以，问题不在于父母的文化水平高不高，而在于对文化的态度。我们不断听到高知家庭教育失败的案例，也不断听到寒门出才子的故事。我想，两者的差别或许就在于，不同的家庭如何为孩子示范对文化的态度。

现在的父母一般都不会是文盲了，但父母接受过大学以上的教育并不代表他们就一定养成了阅读的习惯。在应试制度下，一个人完全可以取得高分而不必爱上阅读。这样的父母很难在孩子面前装出爱阅读的样子，他们甚至不觉得有装的必要。他们认为，阅读是孩子的事，自己早已毕业，不需要再阅读了。对他们来说，阅读是阶段性的，不是终身制的；是工具性的，不是趣味性的。又或者，在他们看来，阅读就是读教科书、教辅书。

阅读对我来说，却有特别意义。

我的母亲是知青，她从上海郊区的一个小镇插队落户到小镇下辖的农村，也就是我父亲的家乡。有段时期，她做乡村代课教师，一个人从一年级教到三年级。白天奶奶要下地干农活，没人带我，她就把我带进教室，让我坐在两个学生当中，跟着从一年级的课听到三年级的课。我的童年是寂寞的，周围都是比我大的孩子。我认字应该是母亲教我的，但我已经不记得她教我认字的场景了。反正从我能认字开始，我似乎就开始了一个人的阅读——用阅读喂饱我的寂寞。

后来随母亲返回小镇，我就读小镇上的中心小学，依然是寂寞的。中心小学的学生有来自小镇的，也有来自附近几个村落的。在小镇同学眼里，我是农村来的娃；在农村娃眼里，我又是小镇上的人。于是，我只能继续用阅读喂饱我的寂寞。

我读得又多又快，总像吃不饱一样。可是，无论是在乡下还是在小镇上，书都是稀缺的。我第一次读《海的女儿》，是一本残破的连环画，结尾几页被撕掉了。很多年之后，我才知道了故事的结局。我从小体育不好，我妹妹玩儿似的就学会骑自行车了，可我总不敢骑。但有一次，为了去一个同学家里借书，我骑上车就走，不知怎么就会了。

后来，我一下子获得了丰富的图书资源。小镇上有个文化站，文化站里有个图书馆，虽然只有一间屋子的书，但在那时的我看来，这应该就是"天堂的模样"了。图书馆管理员是位年轻的姑娘，看上了我的表哥。我的表哥长得确实帅，方圆百里没人比得上。我曾放言：长大了要嫁给表哥。但是，当女图书馆管理员为了追求我表哥，而给了我借书的特权时，我决定放弃表哥，退出竞争。按规定，书是不能借给小孩的，但她不仅借给了我，还让我一次借走了很多本书。我读啊读：上学路上走着读，撞在了电线杆上；晚上躲在被窝里读，台灯的灯罩被烘得变形，招来母亲的一顿臭骂……我还有一个特权，可以不用将书还到图书馆，而是还到管理员家里。后来我才明白，给我这个特权是因为她常常关了图书馆的门，和我表哥出去玩。我会把书藏在她家门口的杂物里，藏得非常好，因为我害怕丢了书，我赔不起。但我又怕她找不到我藏在什么地方，于是决定写一张纸条，详细说明书藏在哪里，贴在她家门上。现在回想起来，都不明白自己当年是怎么想的，怎么会那么傻。这样的智商竟然也让我顺利完成了学业，简直是奇迹。

再后来，管理员成了我的表嫂，我则离开小镇去大上海读大学；再再后来，我表哥赌博、吸毒，把好好一个家拆散了。他娶了一个图书管理员，却几乎从来不读书。最终，他失去了她。

为什么经历过物资匮乏年代的老人，喜欢抢购商品藏在家里？因为对匮乏的恐惧一直没有真正离开，我也是。当我成年、成家、成为母亲之后，我总喜欢买书、藏书，不舍得扔书，活活把家整成了乱七八糟的仓库。

有了臭蛋之后，我自然也要给他最好的东西——书。臭蛋最早"读"的是绘本，这也是上小学之前他认字不多的原因。当我自己第一次看到绘本时，不禁发出感慨：现在的孩子怎么可以这么幸福？我当然愿意把这么美且含义丰富的绘本给臭蛋，而不是逼着他去上识字班。

我还模糊记得，当时常读、爱读的绘本有这么几本（套）。

一套是《嘟嘟和巴豆》系列，我和臭蛋一起看了一遍又一遍。最开始，我把他抱在怀里，读给他听；后来他能认一点字了，我和他靠在一起读。嘟嘟喜欢旅行、冒险；巴豆喜欢待在家里烹饪、绘画。不过，这并不影响他们的友情，他们一起做了很多事，创造了很多共同的经历。臭蛋总是被他们的经历吸引，而我总是被他身上散发出的奶香吸引。

另一套是《小嘀咕》系列，这只小松鼠太像那时候的臭蛋了：害怕很多东西，比如虫子、黑夜和睡着，但他做了很多努力去战胜自己的害怕。有段时间，臭蛋也害怕睡着，因为睡着似乎是堕入黑暗之中。于是，他就在睡前看一遍《小嘀咕》，再看一遍《小嘀咕》，直到有勇气入睡。

还有一本《小威向前冲》。小威是一个小精子，出生后就一直在进行游泳训练，因为他的生命短暂，而他短暂的生命只有一个目标，就是要游得比他的3亿个兄弟都快，以获得奖品——一颗美丽的卵子。有一天晚上，布朗先生和布朗太太亲密地在一起，呀，这就是游泳比赛的发令枪声啊。小威一下子冲出去，他游啊游，终于赢得了胜利——小威紧紧抱住了卵子，融合在一起，慢慢变成一个小小孩。奇怪的是，这个小小孩有些地方像布朗先生，有些地方又像布朗太太，比如经常做错算术题……原来，每个精子出发前都拿到了一个号码牌。号码牌是随机的，号码牌里藏着秘密。号码牌不一样，最后精子和卵子合在一起变出来的孩子也不一样。读了这个故事,每当臭蛋做错数学题,或跳绳、踢球的动作不协调时,我就会说:"哎呀,你怎么选的号码牌呀?拿的都是妈妈的缺点。"而臭蛋背不出课文的时候,也会拍拍自己的脑袋说:"我真傻,怎么不把妈妈的好记性这个号码牌拿过来呢?"在玩笑中,我和他都释然了:他接受了一个不完美的自己,我接受了一个不完美的孩子。不是吗?我们自身都是不完美的,如何要求孩子完美?我们根本给不了孩子一个完美的号码牌啊。

阅读从一开始就带给我和臭蛋豁达、温馨和乐趣。

有一个传说流传甚广,说犹太人会在孩子满月时,把蜂蜜涂在书上,让孩子品尝知识的味道。如果这是真的,不得不说,犹太人太聪明了。人生最初的记忆很重要。如果一个孩子最初接触阅读是被妈妈逼迫,是作为任务完成的,恐怕他之后就不会把阅读和美好的体验联系起来。而对臭蛋来说,一天里面,和妈妈一起读书的时光是快乐的,有很多妙趣横生的时刻。

有一次,我和他靠在一起读书,他正在读

《窗边的小豆豆》。突然,他把书递过来,手指着其中一段。那时他识字还不多,碰到生字多的段落,常常让我读给他听。于是,我接过来开始读。我一时找不到这本书了,只能回忆大概的意思。那段话是说,有位家长来找小豆豆的校长,说这说那。校长对这位家长说,你们大人哪,总是很啰唆,其实小孩子是可以管理好自己的。我读完之后,臭蛋淡淡地说了句:"这些字我都认识。"我惊讶地抬头看他。他又淡淡地说了一句:"我就是让你读一下。"这臭小子,我捶了他一拳,我俩笑成一团。

在识字方面,臭蛋虽然起步晚,但开始阅读后,他的识字量飞快地上升。从小学一年级开始,我就把漫画书、卡通书从家里清除了出去。和绘本看似简单,实则蕴含着丰富人生哲理不同,我固执地认为,市面上流通的大部分漫画书、卡通书,不仅没营养,而且会损害孩子的语言和文字能力,因为这些书上配的文字总是七零八落的,几乎没有整句;即使有整句,也少有好话。何况这类书中还时常展现暴力等内容。

同时被清除出去的还有"四大名著"的简写

第 5 章

开始了我的「表演」

版、拼音版。我自己从来没有买过这类书，但架不住时常有人送。不管什么年代，似乎都流行让孩子读"四大名著"，但假使"四大名著"一定是中国传统文学作品中最优秀的，假使人一生中一定要读"四大名著"，我也不认为它们适合孩子读。我曾经对臭蛋说："你不用读什么简写版的《三国演义》，等你长大些，如果你真有兴趣，不如直接读完整版的《三国演义》。但妈妈建议，到那时读《三国志》会更好。"

很多家长对孩子吃什么很挑剔，却从不挑剔孩子读什么。我对臭蛋读什么非常挑剔，精神食粮难道不是更重要吗？我明面上并不限制臭蛋的阅读，但暗地里，凡是出现在他周围的书，都是我挑选过的。我会把适合他阅读的书放在他房间里的书架上。每当他读完一本，问我下一本读什么时，我总是装成很随意的样子回答他："妈妈不规定你读什么书，书架上都是书，你随便选一本就好。喜欢就继续读，不喜欢就换一本。"但其实，臭蛋每读一本书，可能都是我从十几本书里挑出来的。即使我没有精读，也一定翻阅过。

虽然臭蛋读的书都是我选过的，但我并没有

给他圈定狭隘的阅读范围。事实上,我觉得各种类型的作品都可以给孩子读,只要是好作品。比如他12岁的时候就读了我推荐给他的余华的《活着》。有朋友认为这本书对孩子来说太沉重了,我觉得如同前面说过的,社会不是童话世界,历史也不能被抹去(很多时候,文学里展现的历史更真实),有什么是不能让孩子读的?还是那句话,只要它是一部好作品。

当然,臭蛋的阅读依旧是从儿童文学起步的。

为了给他挑书,我先找了一些国内知名儿童作家的书来读。也许我的阅读范围不够广,反正就我目力所及,并没有遇到心仪的作品。于是,我将视线转到了国外。忘了是怎么遇到这套《国际大奖小说》的,但真的是一见倾心。买回来后,不仅我和臭蛋迷上了这套书,而且这么多年来,我不断地向家有小学生、中学生的家长宣传这套书。这里的"国际大奖"特指国际上那些重要的儿童文学奖,比如国际安徒生奖、纽伯瑞儿童文学奖等。我当时买到的这套书有五六十本,是从几十年的获奖作品中精选出来的。现在当当网上还有这套书,但版本不同,没有我当年买的那套全。

我把这套书买回家时，还精心策划了一场"表演"。

我带着特别兴奋的神情告诉臭蛋："我今天下班路过书店时，意外地发现了这套书。这套书可厉害了，都是得过'金牌'的书。"我指给他看书上的"金牌"。那套书的封面有一个统一的设计，每本书的左上角都有一个凹凸印刷的金色奖章。我继续"表演"："当时我就想，哎呀，这么好的书，我一定要买给我的臭蛋呀！可是，当我对店里的一位叔叔说要买这套书时，那位叔叔很严肃地告诉妈妈，可不是什么人都可以买的，这套书只卖给真正爱书的孩子。他让我把你的名字报给他，他需要在电脑上查一下，看看臭蛋这个孩子的表现怎么样。这位叔叔在查的时候，妈妈的心紧张得怦怦直跳。过了整整五分钟，叔叔才抬起头说：'哇，我查到了，臭蛋是一个非常非常热爱阅读的孩子，我们很荣幸可以把这套书卖给他，希望他读得开心。'"那时，臭蛋刚读一年级，傻傻的，听我说得有鼻子有眼的，他便百分百地相信了，此后多年也没有怀疑过，对这套书十分珍爱。

这套书确实没有辜负我和臭蛋。儿童文学作品绝不是幼稚、肤浅的代名词,好的儿童文学作品在照顾孩子的阅读水平和理解能力的同时,绝不会降低自己的"营养成分"。好的儿童文学作品,是完全可以让父母和孩子一起阅读并有所收获的。

我常常拿这套书中的一本《苹果树上的外婆》来举例子。几乎所有的孩子都有外婆和奶奶,可是小男孩安迪没有,这令他很伤心。然而,有一天,外婆从天而降,落在安迪家的苹果树上。外婆和他一起去游乐场、海上冒险……除了外婆从来不从苹果树上下来,从来不在地上和安迪玩,其他任何事情,外婆都会陪着、带着安迪去做。这样的外婆是不是很"另类"?成年人读到这里,可能就会觉察出不对劲了,但小说对小男孩的心理描写细致入微,让臭蛋完全代入了自己。他深信不疑,苹果树上就有这么一位可爱的外婆。

继续读下去。

有一天,安迪在苹果树上等外婆,他从高处看到邻居家新搬来了一位奶奶。邻居奶奶在侍弄她的菜园,但看起来她的腿脚有些不灵便。安迪躲在树上悄悄地观察邻居奶奶，被邻居奶奶发现了，他们就开始聊天。后来，安迪经常从苹果树上下来，去邻居家，帮奶奶一起整理院子，帮奶奶去镇上买面包……久而久之，安迪待在苹果树上的时间越来越短，和邻居奶奶待在一起的时间越来越长。直到有一天，安迪发现外婆不再出现在苹果树上，但他也不那么伤心了，因为他明白，外婆之所以离开是因为知道他有了邻居奶奶的陪伴，很放心，才不再来陪他。

读完全书，臭蛋恍然大悟：原来，苹果树上的外婆是不存在的，只是安迪的想象。在安迪帮助邻居奶奶的过程中，安迪的孤独被治愈了，邻居奶奶的孤独也被治愈了，他们相互温暖了对方。

多美的一个故事。

除了这套书，还有一本书也是臭蛋当时的最爱——《人人都叫我捣蛋鬼》。读这本书的时候，臭蛋已经在读一年级第二学期了，而书中的弗朗兹是个马上要读一年级的幼儿园小男孩。弗朗兹遭遇了种种"不明白"。比如，他为了证明自己虽然有一副尖嗓子，但其实是个男孩的行为，触怒了贝尔格太太，说她会带坏其他孩子；他为妈妈精心准备母亲节礼物,把很多他觉得好看的东西粘在妈妈的一顶旧帽子上,可是爸爸乱笑,哥哥乱叫,妈妈嘴里说谢谢他,却怎么也不肯戴着这顶帽子出门……这些"不明白"也曾经是或现在正是臭蛋的"不明白",弗朗兹因为不认识字而承受的烦恼,正是臭蛋刚刚经历过的。如此契合,自然让臭蛋读得津津有味。读着读着,他好奇地问我:"妈妈,这本书是不是就是小孩写的?是不是就是这个弗朗兹写的?"

阅读伴随着臭蛋长大,他渐渐形成自己的阅读口味。在人文图书这一块儿,他相对更喜欢阅读历史书。但对于一些哲学入门书,他也读得津津有味。很多家长低估了孩子的阅读能力,误认为孩子读不懂、不爱读哲学书。其实,只要选对了书,循序渐进地阅读,孩子不仅读得懂,而且很爱读。说到底,哲学就是生活的学问、人生的学问,孩子不仅能读,而且应该读。臭蛋是从一套《写给孩子的哲学启蒙书》读起的。全套书围绕孩子的生活展开讨论:为什么要遵守游戏规则?我为什么会感到愤怒、痛苦?当我觉得被不公正对待的时候,我该怎么办?大人为什么总是谈论钱?等等。长大些后,他又读了《你的第一本哲学书》《苏菲的世界》等适合青少年读的哲学书。

臭蛋的另一个阅读重点是科普读物,包括《上帝掷骰子吗:量子物理史话》这类科学史作品,以及关于自然学科最新研究进展的书。

阅读让我和臭蛋的母子关系更紧密、更平等,也更良性互动。在臭蛋出国前,我们已经建立了互动型阅读模式——共读一本书。所谓共读一本书,即我们中有一人先读一本书,还在书上做批注;读完传给对方,对方也批注,甚至批注前一人的批注。我们是无意中形成这样的阅读模式的。那时,学校要求孩子多阅读散文,尤其是叙事散文,以提高写作能力。我为臭蛋选了毕淑敏的《带上灵魂去旅行》。因为阅读的目的是要提高写作能力,我便在书中遣词造句精彩的地方做批注,让臭蛋知道哪里写得好。写着写着,便也不限于提高写作水平的目的了,而是有感而发,随处批注。比如,我在毕淑敏写参观美国老人院、讨论临终关怀的文章旁边,写了较长的批注,谈了一些我自己对生老病死的看法。臭蛋读完传回给我的时候,在我的批注下面这么批注:"妈妈,我不会让你和爸爸在养老院孤独死去，我会陪在你们身边。"当我有同事因为工作可以见到毕淑敏时，我拜托她带上我和臭蛋共读的这本书。据我同事说，毕淑敏看到这本书上母子俩的批注后特别激动，欣然为我们母子俩签名、赠言。这样一本由作者"加持"过的书，再回到臭蛋手中时，对臭蛋的阅读其实是一种很好的鼓励。

更多时候，是我和臭蛋读到兴奋处随时随地随性地交流，因为读的是同一本书，我们俩有了共同的话题。有一次，我加班到很晚才回家，本以为臭蛋早就睡着了，谁知他在黑暗中叫我。我问他怎么不睡，他说他刚读完《邻人：波兰小镇耶德瓦布内中犹太群体的灭亡》，现在想跟我好好聊一聊。

在阅读中增加一些仪式感，可以促发孩子更大的阅读热情。我自己有一枚印章，刻着"学文悦读"四个字，"学文"是我的名字。每读完一本书，我总喜欢在书上盖一个印。臭蛋大了之后，我特意买了块好石头，请朋友替他刻了一枚章，他的章是"顾家藏书"，"顾家"是臭蛋的名字。只要是他读过的书，便盖上他的印。很多书上同时有我们两个人的印。我的名字中有一个"文"字，与"读"颇为对应；臭蛋的名字中有一个"家"字，又呼应了"藏"。当两个印出现在同一本书上时，感觉特别相称。在我写这本书的时候，因为疫情，我已与臭蛋一年多未见，但我最近快递了两本书给他。一本《到里面来》是探索大脑的内部世界的，另外一本《公式之美》汇集了几十个数学公式背后的故事。两本书上盖了我的章，也为他预先盖好了他的章，这两本书见证了我们重洋隔不断的共读。

共读还在继续，但增加了一种新的形式：同一本书，臭蛋读英文版，我读中文版。以前是他跟着我阅读，现在常常是我跟着他阅读。当他在文学课上读到理查·赖特的《土生子》时，我便立即买了中文版来读；当他在历史课学到法国大革命这一段时，我也去找了些相关的书来读。臭蛋的成长推动着我的阅读。

不过，当臭蛋读一些计算机经典之作的英文版，比如他最近读的佩德罗·多明戈斯教授所著的《终极算法：机器学习和人工智能如何重塑世界》，我已经无法跟上他的脚步了。当他读到半夜，兴奋得睡不着觉时，我这个老母亲只能尬聊几句，劝他赶紧休息。可见，孩子的发展潜力是无限的，一旦在父母的帮助下养成好的习惯，他就会自己接着走下去，不再需要父母操心。我总觉得，世间万事都是公平的。在孩子小的时候，如果父母多花点心思在孩子身上，父母后来就可以少操很多心；反之，如果孩子像树一样长歪了，父母可能就得操一辈子的心，最终也未必能纠正过来。很多东西是不可逆的，孩子在一天天长大，父母没有第二次机会穿越回去补救。

爱阅读的臭蛋倒不是个书呆子，有得玩的时候，他喜欢玩、尽情玩，但他更喜欢面对面的游戏，比如他喜欢玩真人 CS，而不是电脑里的射击游戏。他也扛得住高强度的体育训练。有一年夏天，上海的气温动不动就在 40 度以上，臭蛋依然隔天下午去露天网球场，和教练对打两小时。每次我送他去球场，门口保安都要跟我开玩笑："哎哟喂，我说你是不是这孩子的亲妈啊？"但阅读始终是臭蛋生活中很重要的部分，即使出去旅行，他也会在包里放本书。每次忙完考试，他给自己的奖励就是读书。有一次他对我说："妈妈，我觉得一坐下来阅读,我整个人就静下来了。"

我想,这是爱阅读的真境界了。

我们常说养成习惯,可见,要孩子爱上阅读不是一天两天可以做到的,也不是父母一声令下可以实现的,而是要"养"。

"养"是你播下种子,不疾不徐,和风细雨,等它慢慢生长。"养"是从现在开始,用自己的言行,在一个个细节中,一点一滴地将阅读融入日常家庭生活,进而化为孩子的习惯。

这需要耐心。我和臭蛋他爸单是教臭蛋替后面的人留门,或主动替别人开门这么小的一件事,就教了整整三年。我们一次次在他面前这么做,直到这种行为及其蕴含的顾及他人的思考方式,植入他的血液中。现在,见到他的人都说他是个小绅士。

有句话是,"忠厚传家久,诗书继世长"。忠厚与诗书,一个精神,一个物质,通过"读",精神与物质连接起来;通过"读",孩子被启智、被形塑。

你努力的背影,是孩子最好的榜样;你认真读书的脸庞,最能让孩子心安。

第6章

飞走的孔明灯和轻狂的少年

> 我爱臭蛋,希望他永远幸福。但我明白,一个人的生命中不可能只有欢笑,没有眼泪,那是不正常的。如果孩子因为这样的思考而哭泣,就让他哭一会儿吧,那是他开始了他的生命思考。

孩子是天生的哲学家。在很小的时候,臭蛋就开始了他的哲学思考:"妈妈,我从哪里来的?"这是他对生命起源的追问。"妈妈,我不敢睡觉",这是他对生命终结的恐惧。

我曾说过,在他上小学前,我们家住在没有电梯的6楼。忘了是元宵节还是中秋节,我带着臭蛋在6楼窗口放飞了一盏孔明灯。孔明灯又叫许愿灯,放飞前,我让臭蛋许愿。他说,他的愿望是希望所有的愿望都能实现。真是个贪心的孩子。

我抱着他,站在窗口,看着那盏灯渐飞渐远,慢慢隐没于夜空中。

突然之间,毫无征兆地,臭蛋在我怀里大哭。小时候的臭蛋可谓珠圆玉润,眼睛又大又黑。那一刻,我看到大颗大颗的眼泪从他又大又黑的眼睛里噗噜噜地往外冒,我只能拍着他的背,让他把头靠在我肩上,等他平静下来。

等大哭变成抽泣之后,我轻声问臭蛋:"怎么了?"他告诉我,看着孔明灯飞走的时候,他想到是不是所有美好的东西最终都会像孔明灯一样飞走?是不是外公外婆会先飞走,然后是爸爸妈妈,最后只留下他在这个黑洞洞的世界上?

我不会骗臭蛋,说外公外婆、爸爸妈妈永远都不会死,永远都会陪着他。我只能回答他:"是的,最后,外公外婆、爸爸妈妈都会先飞走的,但是,那时候的你不是一个人,你会有你的伴侣、你的孩子,也许那时候你也成了外公或者爷爷。"

我爱臭蛋,希望他永远幸福。但我明白,一个人的生命中不可能只有欢笑,没有眼泪,那是不正常的。如果孩子因为这样的思考而哭泣,就让他哭一会儿吧,那是他开始了他的生命思考。

对于生命,孩子一直是个探索者。从小时候看到孔明灯飞走而触发的感性思考,到看《小威向前冲》这样的绘本,再到阅读关于人的身体的科普图书,臭蛋的探索没有停止过。作为家长,我们是协助者、答疑者,但最好的角色是同行者。

在臭蛋16岁那年,我和他有过一次深入的交谈。那一次交谈,可能是迄今为止发生在我和他之间的关于生命的最深入的交谈。

起因是一起乌龙事件。

单位组织体检,在大家都正常收到体检报告时,我的体检报告不仅延后了,而且最终到我手中时多了一个神秘的小信封。里面有一封信,提示我某个血液指标异常,需做进一步检查。我问了下"度娘"。不问还好,一问之下,高达70%以上的患癌可能性让我感觉自己已"来日无多"。

当然不能光问"度娘",于是,我跑到某三级甲等医院的浦西院区验血。在医生开检验单的时候,我问医生:"我会怎样?"还没检查就这么问,我知道这很蠢,但大概每个人在这种时刻都

妈妈永远「在线」

会问或想问这个蠢问题吧。医生头也不抬,回了句:"会怎样?不就两种结果吗?要么是,要么不是。"谢谢他没有把"癌"字说出口,但也已经把我吓得够呛了。

三个工作日后,我去拿检验报告。护士台的小姐姐翻了一遍单子,抬眼看看我,说:"你的报告还没出来。""怎么会?不是说三个工作日吗?"我问。小姐姐想想也对,就当着我的面打电话给设于浦东院区的实验室。我站在旁边听到小姐姐说:"哦,指标异常,需要重做一次?再过几天来拿报告?好的,好的,明白了。"小姐姐挂了电话,再抬眼看看我,我的腿已经软了。

第二天是周末,还得去北京出差。不过,这次我托了朋友,不需要等纸质报告出来,一有检验结果就可以先告诉我。飞机降落北京首都机场,我马上打开手机,微信上有朋友的留言——检验结果出来了,指标比体检时又高了许多。

半条命彻底被吓掉了。

有同事提醒我,不如换家医院再检查一下。我来到了中山医院,同样是在开检验单的时候,中山医院的医生温和地问我:"咦?你没事去做这个指标干什么？你不要害怕，单一指标不说明问题，除非你有肠胃方面的不适，才需要引起重视。"这位医生的话让我紧绷的神经放松了一些，但为了万无一失，我还是做了肠胃镜。结果很好，没毛病。

前后折腾了两个月。前一个月臭蛋还在美国读书，后一个月，放暑假了，臭蛋回来了。我的心情就像坐过山车一样，最初是崩溃的，背着臭蛋哭了又哭；但后来我镇定了，决定一旦确诊，就不接受治疗，我要为臭蛋筹措以后的教育经费。

同一时期还发生了一件事：臭蛋出国前关系最好的初中同学吉米失去了父亲。年初的时候，吉米爸爸查出肠癌晚期。就在七夕那一天，臭蛋从吉米的朋友圈里看出了端倪。他给吉米发私信，问他爸爸的情况，得知吉米爸爸在七夕这一天去世了。从确诊到去世，不过半年。

好朋友遭遇丧父之痛，对一个十几岁的少年来说，无疑是深感震惊和迷茫的。除去小时候对死亡朦胧的恐惧，这是臭蛋在真实的人生中第一次这么近距离地面对真实的死亡。他劝慰吉米，但他对自己的劝慰充满怀疑。他给我看他发给吉米的私信——"我努力把自己想象成你,但还是不能完全体验你的痛苦。可是不管怎么样,我还是希望你坚强,早点走出来。"臭蛋问我:"妈妈,我的话对吉米有意义吗?我还能对他说什么、做什么呢?"

我看到了臭蛋的痛苦:看到好朋友承受痛苦而无法减轻好朋友的痛苦的痛苦,以及发现了一个人其实并不能完全体验他人情感的痛苦。

我抱抱臭蛋,轻声对他说:"我们出去走走吧。"那天下午,我们按原计划去了作家书店,参加了刘震云的读书分享会。

离开读书分享会,我和臭蛋走在巨鹿路上。虽然是夏日的午后,但那天的阳光不猛烈。我向臭蛋提议:去喝个下午茶吧。

谈话就发生在巨鹿路上那间小小的、很有特色的咖啡屋里。

坐下来,我问臭蛋:"你知道最近妈妈身上发生了一点事情吗?"

臭蛋回答:"我知道有事情发生,你和爸爸鬼鬼祟祟的,不让我知道,这反倒让我很担心。"

是的,家长企图隐瞒,但孩子很聪明,隐瞒

只能让他们更担心和焦虑。我对臭蛋说:"对不起,让你担心了,妈妈现在就把整件事告诉你。"

听完我的讲述,臭蛋明显松了一口气。

我接着说:"还好妈妈没事,虚惊一场。但吉米爸爸是真的去世了,那么快,半年之间,一个人就没了。或许,对于生死,我们都应该,也只能坦然些,因为这就是人生的常态,生生死死。"

臭蛋点点头。他说其实这个学期戏剧老师的妈妈也去世了,还有另一位老师的爸爸去世。

我接着说:"你对吉米说,你努力想变成他,去体验他的感受,但最终发现这是做不到的。是的,这是做不到的。所以古人说'切肤之痛',就是说这种失去的痛苦是刀切在谁的身上,痛就在谁的身上。没有谁可以代替谁去痛。"

臭蛋又点点头。

我继续说:"面对生死,我们究竟该怎么办?妈妈也是人生第一次经历这么一场风波,第一次感受到生死问题这么迫切地摆在我的眼前。现在,事情过去后,妈妈回想整个过程,有三条心得,想和你分享。"

臭蛋听得特别认真。

我和他分享了如下三条心得。

第一条,虽然是虚惊一场,但这场虚惊让妈妈意识到,原来死亡可以离妈妈这么近。妈妈和外公外婆之间总有些解不开的结,妈妈和爸爸之间也时有摩擦,妈妈还会和你吵架……可是,当妈妈以为自己很快就要死了的时候,突然发觉这些都不重要了,甚至很可笑;没有什么比我们此刻、当下在一起更重要了。这次妈妈躲过了一劫,但也许会有下次,也许下次妈妈就没这么幸运了。所以,不管是我、你还是爸爸,我们都要珍惜能够在一起的时光。

第二条,一直以来,妈妈都以为一切尽在掌握,从来没有想过,也许有一天我不能陪你长大,陪你到你可以独立生活。现在我明白了,世事无常,我应该为你提供一个保障方案。你是一个非常懂事的孩子,所以,妈妈现在把整个家底交代给你听,同时也把妈妈对你的希望,或者说要求,告诉你。那就是,未来十年,妈妈希望你不会因任何意外中断你的学业。为什么是十年?因为你还要读两年高中、四年本科、两至三年硕士课程。算得宽裕点,就算十年吧。至于读不读博士,将来由你自己决定，取决于你那时的兴趣和能力。但读到研究生，是妈妈对你的基本要求。正如你对吉米所说，你再怎么努力也无法体验他的感受，更别说代替他去感受痛苦。假设有一天妈妈离开你，也没有任何一个人可以代替你痛苦。每一个人，最终都要靠自己的力量，走出痛苦。今天妈妈请你务必记住一句话——任何时候，都不可以把痛苦当作放弃自己的理由。你要允许自己痛苦，但不能允许自己一直痛苦。妈妈不允许你因为任何意外打乱人生计划，哪怕这个意外是妈妈离世。不同的人生阶段有不同的人生目标，未来十年，你的人生目标就是接受教育。这是你必须做的，也是妈妈要求你做的。而妈妈的责任是保证在发生意外的情况下，你依然有条件完成自己的人生计划。

第三条，这件事也提醒妈妈思考一个问题：人生有诸多意外，如何给予家人保障？你是妈妈的孩子，还未成年，妈妈对你有抚养的责任；未来，你有你的家庭、你的孩子，你对他们负有抚养的责任。这份责任包括在你发生意外的情况下，他们可以继续生活下去。所以，请从现在开始，管理好你的健康，保护好你的身体；请从你开始工作、拿到第一个月的薪水起，管理好财务，做好养老和家庭保障计划。

那天，我和臭蛋聊了很多很多。走出咖啡屋的时候，已夕阳西下，我们决定走走再叫车回家。

走的时候，我习惯性地走在臭蛋的外侧，但臭蛋绕过我，走到了我的外侧，这样我就走在了马路的内侧。同时，他牵起我的手。自他进入青春期以后，他就很少像小时候那样任由我牵着他的手了。每当我拉他手的时候，他那手就像活鱼似的，你还没焐热，他就溜走了。可是那天，臭蛋一直拉着我的手，把我护在马路的内侧，慢慢地走着。已经高过我一头的臭蛋，就这样拉着老母亲的手，在巨鹿路上慢慢地走着。

生死观是人生观的一部分。前面也谈到送孩子出国留学前需做的品质、文化和习惯上的准备，但其实所有的问题都是人生问题。养育一个孩子，最核心的问题就是父母希望自己的孩子走上一条怎样的人生道路。这关乎父母自己的人生观，关乎父母如何在与孩子的互动中去表达和传递自己的人生观。

今天，父母和孩子谈职业比谈理想多。工作、薪水是实实在在的，理想似乎是虚无缥缈的。但我认为，理想看似空洞，实则指导了孩子的行动。有句话说：如果一个人年轻的时候不愤青，那他就没有年轻过。我想说：如果一个人年少不轻狂，那他就没有年少过。臭蛋就有"狂妄"的理想。

有一次，我的一位做生意的朋友问臭蛋："你长大了想做什么？"臭蛋毫不犹豫地回答："改变世界。"朋友大概没料到这样的回答，微微愣了一下，说："也对，改变世界就能赚到很多钱。"这回，轮到臭蛋微微一愣了，他说："不，不是为了钱。我想在历史上留下我的名字。"

臭蛋的回答看似幼稚，但他是发自真心的。从小到大，我和臭蛋他爸几乎从没跟他说过这类话：好好读书，将来找份赚钱的工作。因此，臭蛋从来没有把赚钱当作理想。

小时候，臭蛋最爱的图书之一是《神奇校车》，他对科学世界着了迷。长大后，在所有漫威英雄中，他最喜欢的是钢铁侠。平日里，他最关心的新闻是科技新闻。他申请大学，报的都是计算机科学专业。他对计算机科学、人工智能是真爱，一心想着一步步深造，最终从事研究工作。他从来没有想过，用这个专业去敲开谷歌、微软、亚马逊这类"大厂"的门，去做码农、赚高薪。

孩子会崇拜哪一类人，会关注哪一类事，受父母的影响很大。就连生活中开的小玩笑，也是父母在传递一种价值观。小时候，臭蛋的裤子老往下掉，我常常要把他抓过来，帮他提裤子。每次给他整理的时候，我都会跟他开玩笑："你呀你，哪天才能长大？才能自己把裤子穿好？会不会有一天，你要上台领诺贝尔奖了，还要妈妈先给你整理裤子？"然后我俩笑成一团。

记得以前有这样一则社会新闻：有人问一个幼儿园小女孩"长大后想干什么"，小女孩回答"想做一个贪官"。当时听到这个新闻，我非常困惑，很长时间我都在想：这个小女孩的父母在家当着孩子的面都在聊什么？他们是如何表达出对贪官的无比羡慕，以致孩子竟然会以此为"理想"？真的无法想象。

对钱的态度大概最能影响一个人的理想。该引导孩子建立怎样的金钱观？在这方面，一直有穷养和富养的争论。有人说，女孩富养，男孩穷养。也有人说，男孩也要富养。仔细想想我和臭蛋他爸的态度，似乎两者兼而有之。我大概是偏富养的，但我所谓的富养，不是给孩子吃最好的，穿最贵的，而是从小没让臭蛋觉得钱很重要，尤其没让他觉得钱比人重要。

说个小故事。臭蛋小的时候，有一天，我带回家一件琉璃工房的琉璃，价值数千元。刚到家，臭蛋迎上来好奇地问："这是什么？"我就递给他玩。才几分钟，琉璃就被他不小心摔了。我眼都没眨一下，只是叫臭蛋小心，让开一下，我来收拾残片。这件事被外婆说了很久，她认为我太宠孩子了，这么贵的东西，说摔就摔了。我们家的经济条件很普通，数千元不是小钱，但我只是没用钱来计算损失而已。摔了已是事实，为何还要为钱所困？

我年轻的时候，曾听一位前辈讲过一个笑话。她有位朋友，浑身上下全是名牌。不小心摔了一跤，他慌的不是自己有没有受伤，而是马上看身上的名牌衣服有没有摔破。我觉得这听起来像个笑话，但我相信真有这样的事，因为不是穿品牌，而是被名牌所"穿"的人确实有，而且为数不少。

我如此"富养"臭蛋，臭蛋他爸则是"穷养"。他带着臭蛋出去旅游，一路上吃的、住的都很节俭，大热天在景区里走，父子俩会因为景区里的水太贵而忍住不喝。臭蛋不觉得辛苦，而是自然地觉得男孩子就应该忍受艰苦的条件。我很赞赏名媛严幼韵的一个观点：要享受得了最好的，也要承受得起最坏的。

在我"富养"和臭蛋他爸"穷养"的双重影响下，臭蛋既不重视钱，也不轻视钱；既不大手大脚乱花钱，也不做抠门的守财奴。留学前的三年，他每年都要和机器人俱乐部的小伙伴一起出国比赛。比赛完，俱乐部老师带他们旅游和参观，别的孩子会买很多纪念品，臭蛋只会选最有特色的买，只买一件。别的孩子会抢购限量版耐克球鞋，臭蛋只买打折的球鞋。出国留学后，他有了一张银行卡，我在他卡里放了不少钱，但我一点都不担心他会乱花，因为我了解他的金钱观：他会毫不犹豫地付钱参加由历史老师带队的欧洲二战历史遗迹游，但同时，他会为了省钱上网寻找二手教材。他穿着已穿了多年的旧衣服，待在一群很有品牌意识的同学中间依然自在。但他会在和同学玩完回家时,绕路把同学一个个送到家,由他付车费。

　　臭蛋崇拜的对象是改变世界的科技英雄,臭蛋的梦想是有一天摘取诺贝尔奖。这是一个少年的轻狂,但人不轻狂枉少年。

妈妈永远「在线」

第7章

我将来的婚礼要怎么办?

这个故事看起来讲的是我们对臭蛋的拒绝,其实体现的是我们对他的尊重。

我一直向他表白,"我和你爸会是你最坚强的后盾"。但支持不等于包办,为孩子包办一切是一种不尊重,是一种剥夺——剥夺孩子过自己人生的权利。

很久以后,臭蛋告诉我,巨鹿路上的那次下午茶,是他喝过的最快乐的下午茶。因为那一天,妈妈对他真正敞开了心扉,真正地、完全地把他当成成年人。他也第一次真正感受到自己的责任。

臭蛋的感受让我彻底放下了心。我和几个朋友聊过我和臭蛋的这次关于生死的对话,他们责怪我，怎么可以和小孩聊这么沉重的话题，会吓到孩子的。我想，我没有吓到臭蛋，而是让他成长了。有时候，我会和臭蛋开玩笑："妈妈可不会把你培养成'妈宝'，将来去祸害别人。"

臭蛋的感受坚定了我的想法：孩子渴望被尊重。正如他时常说的："妈妈，我是家里的一员，家里的事应该让我知道。"

我们常说，一个被世界温柔以待的人也会温柔待人。尊重也是一样的，一个在被尊重的环境中长大的孩子，才会懂得尊重他人。或者说，尊重自己和尊重他人已经成了他的习惯。我们无法要求这个社会都是由懂得尊重的人组成的，但至少，我们可以为孩子创造一个相互尊重的家庭氛围。

让孩子感受到父母对他的尊重，不是靠父母嘴上说的话，也不是非要从生死这样的大事上体现出来，而是要在家庭生活的点滴之中让孩子感受到、学习到。

臭蛋小时候，我带他参加同事的婚礼。回家路上，臭蛋还处于兴奋中。他问我："妈妈，我将来的婚礼要怎么办？"我回答他："不对喔，这个事情你不应该跟妈妈商量,而应该和你未来的伴侣商量。"

七年级的时候,学校让学生制订一个未来计划表,要求制订得越详细越好。比如,你未来想做什么工作?这份工作的平均收入是多少?你需要怎么做才能得到这份工作?你打算住在怎样的房子里?买不买车,买什么样的车?打算生几个孩子?等等。同时要求附上家庭收支表。我觉得,这是学校布置的所有作业中最棒的一份。

臭蛋那时的理想是去美国国家航空航天局工作,做一名工程师。为此,他从招聘网站上查到了做航天工程师需要的教育背景,也查到自己可能获得的工资收入。他希望买一幢带花园的房子,买一辆特斯拉汽车,并打算生两个孩子。可是,一路算下来,臭蛋很快发现自己出现了财政赤字。于是,他拿着计划书过来找我和臭蛋他爸,提出了他的解决方案:请我和臭蛋他爸帮他带两个孩子,这样他就可以省掉一笔请保姆的费用。

我和臭蛋他爸对望一眼,摇摇头。我告诉臭蛋:"我们只会在你和你的伴侣有需要的时候,比如工作上遇到特殊情况,或者你们想来一次两个人的旅行,才会帮你们临时照顾孩子,但不会长期、固定地照顾你们的孩子。"

我没有和臭蛋开玩笑,我是认真的。孩子需要父母自己来照顾,这里面的道理显而易见。父母照顾孩子既有利于孩子的成长,也有利于父母自身的成长,更有利于稳固伴侣关系,避免代际矛盾。我常对臭蛋说:"爸爸妈妈永远会在你身边五公里范围之内,但永远不会出现在你的家庭生活里。"

被我们拒绝的臭蛋没有不悦,这对他来说已经习惯了。尊重孩子并不是孩子什么要求都答应,而是有选择地答应。但父母拒绝孩子的要求也应该有合理的理由,不是为了展示家长的权威,更不能随自己的心情而定,高兴就答应,不高兴就拒绝,让孩子摸不着头脑。

至于那份作业,后来我偷看了一下,发现臭蛋忍痛划去了特斯拉汽车。他划得很用力,因为特斯拉汽车是他的心头好,划掉是真的不舍。他还在家庭收支表下面写了两项备注:第一项是,"让妈妈把我小时候的衣服和玩具都收好,将来给我的孩子用,这样可以节省给孩子买玩具和衣服的开销";第二项是,"我的老婆也需要出去工作,和我一起负担家庭开支"。

这个故事看起来讲的是我们对臭蛋的拒绝,其实体现的是我们对他的尊重。我一直向他表白,"我和你爸爸会是你最坚强的后盾"。但支持不等于包办,为孩子包办一切是一种不尊重,是一种剥夺——剥夺孩子过自己人生的权利。

尊重孩子的另一个相当重要的内容是:尊重孩子的兴趣爱好。

很多父母恐怕都经历过这样的过程:先是觉得自己的孩子是个天才,特别聪明;在孩子的成长过程中,尤其是在孩子上学之后,因为"别人家的孩子"带来的竞争压力,因为家长群里弥漫的焦虑情绪,开始觉得自己的孩子比不上人家,进而对自己的孩子失望。我也曾经如此。

我们家最先看透这一层的,是臭蛋。他十一二岁的时候,我妹妹的儿子正好两三岁,小名叫小兔子,精灵古怪,十分可爱。一天,包括我在内的一大群人围着小兔子,纷纷夸这孩子聪明。这时,臭蛋在一旁叹口气说:"小兔子呀小兔子,他们现在都夸你聪明,等你长大读书了,他们一个个可都要来骂你笨了喔。"

听到臭蛋作为"过来人"的吐槽，我哑然失笑。他说的是事实，最好的例子就是他弹钢琴的故事。

臭蛋小时候，我带他去超市。他看到超市里的电子琴样品，就有模有样地弹起来。我激动得不行：这孩子是又一个郎朗啊！我这人喜欢一不做二不休，外婆说先买个电子琴试试吧，我却直接搬回家一架钢琴。

臭蛋从此开始了琴童生涯：每周，从闵行的家里出发，到位于静安寺的雅马哈音乐中心上钢琴课，遇到下雨堵车，单程就要近两个小时。不仅如此，我还在别处给他报了以考级为目标的一对一的钢琴课。相比雅马哈音乐中心的课，考级课更枯燥。臭蛋常在去上课的路上睡觉，等车到了老师家楼下，他其实已经醒了，我看得见他眼皮底下骨碌碌转动的眼珠，睫毛也一抖一抖的，可他就是装睡。我那时心头正热着，哪会上这个小鬼的当？

就这样折腾了三四年，钱花了不少，臭蛋苦也吃了不少，直到有一天，家政阿姨的一句话点醒了我。

那天，家政阿姨在打扫卫生，臭蛋在练琴，我呢，拿着把大尺子站在钢琴边，臭蛋弹错一个音，我的尺子就啪地打下去。这样的场景估计在很多家庭都上演过，这时，家政阿姨说话了："别打孩子啦。我在另外一家做事的时候，那家宝宝的钢琴越弹越好听，你家宝宝弹来弹去差不多，说明你家宝宝不喜欢弹琴呀。"

那一刻，我觉得家政阿姨真是智者。一个人是否智慧，哪里一定跟他的文化程度相关？我如此执迷不悟，而她一眼看穿，一语道破。

同样的事情还发生在我单位的前台阿姨身上。有一次，我和同事讨论孩子的学习问题，前台阿姨插了一句："你们呐，总喜欢逼孩子，其实，同样一件事情，现在孩子怎么也学不会，三个月、半年之后，他一学就会了，急什么呢？"

是啊，急什么呢？我听说在德国等一些欧洲国家，对孩子上学的年龄并没有统一的规定，而是在孩子满6岁后做一个测试。通过测试就入学，通不过就明年再测，直到孩子确实做好了上学的准备。而我们呢，总喜欢用所谓的"不让孩子输在起跑线上"来掩盖我们拔苗助长的功利之心。

家政阿姨的话让我幡然醒悟,不再逼臭蛋弹琴。正好后来家里调整房子,买家也看得中这架钢琴,便连房子带钢琴一起卖给了他们。

但是,音乐没有就此远离臭蛋。如前文所说,臭蛋很喜欢听音乐会。现在在美国高中,他也正以导演的身份排演一部音乐广播剧。有时候我想,如果我继续逼臭蛋弹钢琴,他也许能考到钢琴十级,但不会像现在这么享受音乐了。

孩子不喜欢就不逼孩子学,那孩子是不是不会有什么特长了?不会的。每个孩子都会有自己喜欢并擅长的事情,只要家长给他充分的选择机会。

二年级结束的那个暑假,臭蛋找到了自己的最爱——机器人。

这是一次无心插柳之举。有个小伙伴的妈妈,为了让家里的熊孩子暑假有个去处,别在家里闹腾,就在静安寺附近找了一家机器人俱乐部——助飞俱乐部,给孩子报了暑假班。这个妈妈来问我们去不去,臭蛋愿意去,我就给他也报了名。

暑假结束后,小伙伴撤了,臭蛋却留下了。

从那以后一直到臭蛋出国前，每周六的下午，臭蛋都去助飞俱乐部，和其他小子们一起，在教练的带领下捣鼓机器人。刚开始是玩搭建，先照着图纸组装，后来就根据需求自己设计和组装；很快就开始学习编程，让组装出来的机器人完成踢球、救援等任务，或者分小组赛车。臭蛋之所以会说出"聪明人设计游戏，不聪明的人拼命玩游戏"这样的话，也是因为在俱乐部里臭蛋很早就学会了游戏设计。小伙伴们常常在课间自己设计游戏玩，对他们来说，游戏没什么特别的吸引力，不如机器人好玩。

到五年级时，俱乐部负责人施老师开始带着臭蛋他们一帮小子参加国内的机器人赛事；六年级时，带着他们参加国际比赛。之后连续三年，臭蛋和他的队友一起，在国际机器人比赛中拿到了小组冠军。去了美国之后，臭蛋参加的第一个学校社团也是机器人俱乐部，并以主程序员的身份，带队参加FTC华盛顿州州赛。直到今天，读十二年级的臭蛋仍然是学校机器人战队的主力队员。

是不是孩子的真爱，其实很好辨认。刚才说

到，臭蛋为了逃避钢琴课而装睡，可到了助飞俱乐部之后，他不愿意错过任何一节课；实在错过了，也必定要在下一节课开始前去找教练补上错过的内容。在国内时，他碰上赛季，我们会为他做好后勤保障；去了美国之后，一切都要靠他自己，但他绝不会因为辛苦和麻烦而放弃比赛。

读十年级时的一个周六，臭蛋和队友要去亚马逊总部参加 FTC 华盛顿州州赛。比赛在早上 8 点开始，从学校开车去亚马逊总部需要两个多小时。比赛当天，臭蛋凌晨 4 点起床。凌晨 4 点的西雅图郊区下着雨，墨墨黑，又冷又湿。他给自己做了早饭，又做了两个三明治，带着当中饭和晚饭。然后去学校和老师、队友会合，出发去赛场。比赛在晚上 6 点结束，等臭蛋回到宿舍已经 9 点多了，但他还需要补做因为比赛落下的作业。

机器人俱乐部的经历点燃了臭蛋对计算机科学的热爱。兴趣是最好的老师，一次次比赛激发了他深入探索这个领域的斗志，也激励着他独立完成两个计算机课题，并在核心期刊上发表论文，论文被收入 EI 检索库。

在他做课题的那段日子，我看着他每天端坐

第一章 / 我将来的婚礼要怎么办？

在屏幕前，真的很难想象一个青春期男孩可以这样工作一整天。计算机课题有其特殊性，如果哪里不对劲，是无法一眼看出错在哪里的，只能一点点、一段段地跑代码去查错，非常耗时耗力。只有真正热爱计算机的人才会乐在其中，才会坚持下来。外人，比如我这位老母亲，在旁边看着，真觉得十分枯燥和无聊。

为了做课题，臭蛋还自学计算机算法和大学微积分。当学校开始教微积分时，臭蛋其实已经学过了。当然，现在有很多父母让孩子去考AP（advanced placement，美国大学预修课程），微积分几乎是必考科目，中国孩子大都能考到高分。但我觉得，臭蛋的可贵之处在于，他是出于求知的欲望而去自学的微积分，既没有参加培训机构的刷题训练，学完之后他没想到，我也没要求他去参加考试，拿个分数。

能做自己喜欢的事本身就是奖励。与之相比，分数是次要的。

在机器人这个项目中，臭蛋收获了智力挑战上的乐趣。一步一步，他深入这个领域，学会了寻找资源来支撑自己的爱好，比如阅读相关书籍，观看相关的网络课程。他也锻炼了自己的意志力，没有一定的意志力是完不成这些研究项目的。他还因为兴趣爱好找到了未来的发展方向。今年是臭蛋的本科申请年，当很多孩子不晓得该选择什么专业时，臭蛋非常清晰和坚定地知道自己的专业选择，包括将来的研究和发展方向。

为了申请本科院校，我和臭蛋一起梳理他的活动列表。我们发现，他活动的主线相当突出：一条线是机器人，一条线是戏剧。两条线他都坚持了数年，也都在不断深入，不断自我挑战。我们还找到了两条线的交叉点，这个交叉点完美地落在了臭蛋一直在好奇与探索的领域——人工智能。他甚至在大学申请文书中设计了自己的理想课程：通过戏剧排演，让同学们深入探索人性需求；然后用计算机算法来实现这些需求；再排演戏剧，让同学们扮演按照算法运转的人工智能，推演算法之下的思维和行为会发展到何种程度，以此来检验算法的合理性和安全性。这正符合乔布斯在某次演讲中表达的观点：认真对待生命中的点点滴滴，它们也许会在你意想不到的时候，以意想不到的方式连接你的人生。

很多人以为,我当初是有意为臭蛋设计了这样一条路径;也有人跟我说,你怎么那么有预见性,多年前就预见到今天机器人竞赛的火爆?其实完全不是这么回事。在臭蛋每周花半天时间,趴在地上玩机器人的时候,周围的孩子都在热火朝天地学奥数。我不是说学奥数不好,实际上,数学可以说是所有自然学科的基础,但奥数是数学的全部吗?奥数展现了多少数学之美?那么多孩子学奥数都是出于喜欢,都是自愿的吗?这个问题太复杂,我无力讨论和探究。我只能说,我当年做到了尊重臭蛋的兴趣爱好,我庆幸自己有足够的定力,不为环境所动,这么多年一路陪着臭蛋坚持下来。最初和臭蛋一起学机器人的小伙伴已经离开了不少,像臭蛋这样现在还在"玩",并打算"玩"成自己专业的,似乎不多。

又要提到"不让孩子输在起跑线上"这句话了。我想,这句话成立的前提是,孩子是在比赛短跑。可是,人生难道不是一场马拉松长跑吗?第一位获得普利兹克建筑奖的中国建筑师王澍,曾在一次聊天中对我表达过这么一个意思:在今天这个时代,成才其实是比较容易的,因为大家都那么浮躁,你只要够"傻",认准一件事,一直一直做下去,就能成才。

要做这样的"傻"子,需要同样"傻"的父母的支持;这样的"傻"父母,懂得对孩子最大的成全是尊重。

当然,父母尊重孩子的同时,孩子也应该尊重包括父母在内的他人,而这也需要父母来教。

臭蛋读七年级的时候,学校在放暑假前组织学生去郊区拉练。据说孩子们白天要负重徒步,吃饭要用砖搭灶头自己做,晚上睡觉要打地铺。那时天气已经很热了,这些可真够孩子们受的。

回来那天,我按学校通知,下午3点守在学校门口,等臭蛋出来。过了半小时,不见人影。我打臭蛋电话,手机关机。我联系班主任,班主任说一切正常,臭蛋没有被留堂。我很着急,但无计可施,只能死守在校门口。快5点的时候,终于看到臭蛋和吉米出现在马路那头,正朝着校门走过来,原来哥俩一放学就冲到麦当劳吃东西了。

吉米妈妈和我一样生气,一看到吉米就骂开了。我等臭蛋上车后,板着脸问他:"可以和同学出去吃东西,但为什么不打电话通知妈妈?甚至都没有把手机打开？"他回答说忘了。学校要求学生在校期间，手机一律关闭。

我非常严肃地说："为什么会忘？因为你没觉得通知妈妈这件事很重要，因为你潜意识中没有尊重妈妈。如果你没有养成尊重他人的习惯，那你以后有事会不会忘了通知你的妻子和孩子、你的同学和朋友，还有你的工作伙伴？"

臭蛋沉默不语。

说话间，车子开到了离家还有5公里的地方。我知道，从这里回家的路臭蛋是认识的。于是，我对他说："现在，请你带着你的行李箱，从车上下去，走路回家。走的时候，请你好好反思今天的事。"

我们跟臭蛋向来讲理，所以臭蛋也是个讲理的孩子。他意识到自己的错误，就心甘情愿地接受惩罚。他乖乖下车，在闷热的天气里，在三天"拉练"之后，拖着行李箱，步行5公里回家。

尊重孩子，也得让孩子学会尊重他人，才能让他成长为一个自尊自强的人。自尊自强的人，人生不会走歪；尊重他人的人，也能获得他人的尊重。

第8章

面对霸凌,我的勇敢"救"了谁?

不管是臭蛋向杰克跨出的那一步,还是我向班主任发起挑战的那一刻,都是勇气使然。

勇气当然首先"救"了我们自己,使我们免受伤害,免于陷入软弱和无原则的妥协之中。但我们的勇气是不是同时也在"拯救"霸凌者?当一个孩子开始欺负同伴,被欺负者的抵抗难道不是在叫停他的错误行为?难道不是在及时提醒对霸凌者负有教育、监护之责的人?

求学路上,臭蛋在两所学校遭遇过校园霸凌。用校园霸凌来定义这两起遭遇,或许有些言过其实,但我的本意是想与大家分享,在面对校园霸凌或近似于校园霸凌这样的挑战时,臭蛋和我是怎么应对的。我不是社会学家、教育家，无法从社会机制、教育制度等角度对校园霸凌进行多维度的分析，最终拿出一个解决方案。我只是一个母亲，只想以我和臭蛋的亲身遭遇为大家提供一个分析的案例，促发大家对校园霸凌做一些讨论和思考。

臭蛋第一次遭遇"校园霸凌"是在小学阶段。

班里有个同学，姑且叫他杰克吧。小男孩长得眉清目秀，却是十足的小"恶霸"。很多小朋友被杰克欺负，以致有家长忍无可忍，在接孩子放学时冲进教室，教训杰克。

听到这么多家长投诉杰克，我也担心臭蛋，便问他："杰克有没有欺负你？"臭蛋回答："没有，我课间不跟他玩的。"

臭蛋不找杰克玩，但杰克大概想换个新对象欺负一下，他盯上了臭蛋。

连续发生了两件事。

第一件事：中午在教室里吃饭时，坐在臭蛋前面的杰克回头往臭蛋的饭盒里吐了一口唾沫。那天，臭蛋饿着肚子挨到放学。

第二件事：课间休息时，杰克追着臭蛋吐唾

沫。臭蛋四处躲避，最后被逼爬上了教室的窗台。班主任正好进来，看到后赶紧制止杰克，把臭蛋叫了下来。

当晚，班主任给我打电话，表达了两层意思：一是为杰克的行为道歉；二是希望我能让臭蛋明白，爬上四楼窗台是件非常危险的事。

我连忙找臭蛋谈话。我跟他强调，被吐一身唾沫是可以洗掉的，但从四楼掉下去的话，小命就没了。

提醒的话说完了，但杰克的问题一时无解。我挺犯愁的。

两三天后，我去接臭蛋放学。

"妈妈，你有杰克爸爸妈妈的电话吗？"臭蛋突然问我。我连忙问怎么了，我的第一反应是杰克又欺负臭蛋了。

"今天数学考试分数出来了，我考了98分，"臭蛋得意地看我一眼，接着说，"但杰克考了100分。"

"哦。"我随口应着。坦白说，当时的我对杰克这个孩子实在没什么好感。

臭蛋站定，抬头对我说："妈妈，你帮我发个短信给杰克的爸爸妈妈，请他们表扬一下杰克。"

为什么？我非常诧异。

当时臭蛋只是个读二年级的小屁孩，表述有些含糊不清，但最终我弄明白了他的意思。他认为，杰克很聪明，数学尤其好，但他不懂得什么是做游戏，什么是欺负小朋友，他搞不清楚两者的区别和界限。小朋友越不跟他玩，他越要用各种办法去招惹小朋友。

这么简单的逻辑，很多成年人没看清楚、想明白，臭蛋却说了出来。

不仅如此，他接着说的一句话让我终生难忘。他说："妈妈，杰克的爸爸妈妈一定很难过，因为老是有人来告他们儿子的状。如果你去表扬杰克，他的爸爸妈妈一定很开心。"

虽然感情上不情愿，但道理上臭蛋是对的，我应该支持他。于是，我从班级通讯录上找到杰克爸爸的手机号码，按照臭蛋的意思发了一条祝贺短信。杰克爸爸几乎秒回了短信，不止一条，而是一条接着一条，言语之间充满了意外、激动和欣喜。很快，杰克妈妈也主动给我打电话，跟我详细讲述杰克的情况。通过交流，我了解到，杰克父母工作非常忙，孩子从小到大都是外公外婆带的。对于杰克入学以来的行为，他们也很苦恼，打也打过了，骂也骂过了，不晓得怎么教育才有效。我趁机和杰克妈妈分享了一些我的教育理念和做法。那天的通话让我理解了熊孩子父母内心的焦灼和痛苦，而之前我对杰克父母存有偏见，认为他们一定是很霸道的人，一定溺爱和纵容孩子。

臭蛋，用一个非常柔软的举动，打破了"霸凌者"和"被霸凌者"之间的对立，融化了家长之间的坚冰，也让我反思：为什么臭蛋可以看到"霸凌者"的社交困惑和对友谊的渴望，看到"霸凌者"身上的闪光点？我想，或许是因为，臭蛋是在用孩子的眼睛去看另一个孩子，用孩子的心灵去感知另一个孩子的心灵。而我们成年人很少能做到平等、公正、包容地看待别人家的孩子，甚至连这样的尝试都不愿意去做。那其他孩子为什么没能像臭蛋这样去理解杰克？我想，并不是因为臭蛋比别的孩子聪明，恰恰相反，是因为他比别的孩子"傻"了点，受成年人思维的影响少了点。

果然如臭蛋所说，杰克极其渴望同龄人的友

谊，臭蛋的主动示好引发了杰克的改变。杰克开始追着臭蛋叫"老大"，表示什么都愿意听臭蛋的。臭蛋回来告诉了我，言语间颇有点得意。我心里却有些纠结。"老大"这么江湖气的称呼，在我的教育理念中自然是不认可、不鼓励的，但我也明白，如果杰克认叫臭蛋，臭蛋就对他有了影响力，也许就能因此引导他建立与同伴相处的正确模式，这不是一桩好事吗？但是，如果臭蛋没有带好杰克，反而被带偏了呢？

果然，开始有家长善意地提醒我：你家臭蛋最近常跟杰克一起玩，你小心孩子被带坏哦。

我开始频频向臭蛋打听他和杰克的相处情况。大部分时候臭蛋都很得意，告诉我他是如何带着杰克和小朋友一起玩的，说到杰克有了这样或那样的进步时，他开心得像个小"爸爸"。但有时，臭蛋也很苦恼，因为杰克常常故态复萌。有一次，聊着聊着，臭蛋突然担心地问我："妈妈，会不会我没能让杰克近朱者赤，自己却近墨者黑了？"瞧，他还用上了新学的成语。

不晓得为什么，在那一刻，原本总想着要制止臭蛋和杰克继续来往的我，反而鼓励臭蛋，要在把握住自己的同时，继续帮助杰克做一个好孩子。同时，我也开始思考：作为家长，我是不是可以做些什么？

后来有几次，当我和臭蛋他爸带臭蛋出去短途旅行时，我们征得杰克父母的同意后，也带上了杰克。在接触中，我发现杰克是个学习能力非常强、反应敏捷、口齿特别伶俐的孩子。像他这样精力旺盛的孩子，如果缺乏正确的引导，多余的精力无处释放，就会用这种到处招惹同学的方式来刷存在感。同时，在一次接孩子放学的时候，我发现杰克外公是个脾气特别急的老人。当时，杰克、臭蛋及其他几个学生被老师留了下来，需要做完指定的作业才能回家。杰克做作业时，一旁等候的外公几乎每隔两三分钟就要催他一次。在我旁观的半小时里，我觉得如果我是杰克，也很难控制住自己不烦躁。这么说没有责怪老人家的意思，事实上，杰克的外公外婆为杰克付出了很多。小学5年间，杰克外公天天接送杰克，风雨无阻，而外婆据说要负责全家的"买汰烧"。但老人毕竟不太懂教育，身体上的劳累、精神上的不济，都会让他们变得烦躁，在与孩子相处的过程中，他们的情绪、性格会不自觉地影响孩子。孩子还是最好由父母自己抚育。

令人欣喜的是，杰克一直在慢慢地往好的方向发展。可以想见，他之所以能改变，一定是杰克的父母，也许还有外公外婆，首先作出了改变，作出了努力。

在臭蛋和杰克各自升入初中后，他们的友谊并没有结束。六年级的那年国庆假期，我和臭蛋他爸还曾带着他们俩一起去苏州参观苏州博物馆和诚品书店。白天两个孩子参观和游玩，晚上我和杰克聊天。他告诉我，自己在新学校是"两条杠"的学习委员了。我和他开玩笑："你可得坚持住哦，不能露出'狐狸尾巴'。"小伙子害羞地笑了。

晚上待在酒店房间的时候，我还看到杰克做完作业后拿出英文单词卡，背了25个单词。他说每天背英文单词是学校的要求，他一天都不能落下，即使是出来玩。从一个管不住自己的孩子，到一个如此自律的孩子，杰克的变化真的让人高兴。

杰克是个幸运的孩子，没有往"霸凌者"的方向继续发展。他的幸运在于老师始终没有放弃他，在于他的父母及时醒悟并作出了改变，也在于班里小伙伴的"健忘"，重新接纳了他。"健忘"是一种善良。他的幸运也许还在于有臭蛋这样一个同龄人，在他被班里所有同学排斥的时候，向他伸出了友谊的橄榄枝。哪怕臭蛋的作用只有那么一点点，我也为臭蛋感到十二分的自豪。我甚至想，如果时光可以倒流，如果我们可以把那些校园霸凌事件中霸凌者的人生，像电影胶片一样一帧一帧地回放，如果我们可以在某一帧插入一段同龄人的友谊、家长间的沟通，这些霸凌者的人生走向会不会因此有所不同？

臭蛋第二次遭遇"校园霸凌"，发生在就读的第一所初中里。

臭蛋小升初的时候，我们家从一个区搬到了另外一个区，臭蛋入读了家门口的一所公办初中。这所学校颇有声誉，为此我们放弃了入读区里一所民办初中的机会。但入读没多久，我隐隐感觉，也许我选错了。

开学没多久，发生了两件小事。

第一件事：臭蛋的运动神经不发达，身体协调性差。一天，体育课上练习跳高，臭蛋表现得很笨拙，总跳不过去。一些同学开始起哄，拍着手唱"臭蛋是笨蛋"，甚至把这当成"魔咒"，每当有同学起跑，就开始唱。不唱的同学则笑着看热闹。在歌声、笑声中，一个个孩子跳了过去，臭蛋则面红耳赤地站在一边。体育老师没有制止，更让我吃惊的是，班主任也没有制止。当时她正好路过操场，站在旁边看了一会儿，竟然还跟着笑了一会儿。在事后我和她的沟通中，她是这么跟我解释的：孩子们调皮捣蛋，但没有恶意，她看着觉得很可爱，就跟着笑了。殊不知，她的笑容对那些起哄的孩子来说是一种允许和鼓励。

第二件事：当年的9月下旬，臭蛋获得了去澳大利亚布里斯班参加世界教育机器人全球决赛的入场券，我替他向班主任请假。虽获批准，但班主任没有一句鼓励的话。臭蛋摘得冠军归来，还为每位老师、每位同学带了礼物。我让臭蛋把礼物交给班主任，由班主任分发，因为礼物是澳洲产的巧克力，学校不允许学生随便分发食物。第一次出国比赛就拿回来一个国际冠军，臭蛋很兴奋；我也以为，班主任会在班会课上表扬臭蛋。但事后臭蛋告诉我，班主任用最快速度发完巧克力后，就开始说其他事了，既未提及臭蛋获奖的事，也没有告诉同学们巧克力是谁送给大家的。

两件事都是小事，我只是心里有点膈应，但接下来发生的事，最终让我和臭蛋作出了转学的决定。

臭蛋正在长身体，怕他下午饿，我每天都在他的书包里放一点小零食。没多久，臭蛋叫我不要放了，却不肯说明原因。我以为是学校不允许带零食，便改放了一点零钱，这样，他可以在放学回家路上买东西吃。但我很快发现，书包里的钱过不了几天就没了。我问臭蛋都买了些什么，他回答不上来。

这样的情况持续一段时间后，我坐下来和臭蛋认真地谈话，请他告诉我，学校里有没有特别的事发生。直到这时，臭蛋才告诉我，班里有位女生，我们就叫她莉莉吧。莉莉个子很高，常常在中午带着几个小跟班，逐一翻检其他同学的书包，翻到零食就拿来吃，翻到钱就塞到自己口袋里。

我震惊了。慎重起见，我询问了几位认识的家长，问他们的孩子有没有碰到类似情况。没想到，一问之下，牵扯到的孩子越来越多，听到的情况越来越严重。

一位家长反映，孩子的钱已经被拿走多次了；另一位家长反映，莉莉不仅翻检他们家孩子的书包，还把书包翻转过来，把里面的东西全撒在地上；还有一位家长反映，她孩子带的零食碰巧是莉莉不爱吃的，她就把零食扔在地上用脚踩，而她的孩子还捡起来吃掉了，她知道后真是又气又心疼；更有一位家长反映，她儿子曾经被莉莉用脚踢下体，据她儿子说，莉莉常常会突然冲过去用脚踢或用手抓男生的下体，不止一个男生受过这样的攻击。

我听得骇然。我的第一反应是，班主任一定不知道这些事，不然怎么可能不管？我得赶紧跟班主任反映。然而，奇怪的事情发生了。当我把收集来的信息一五一十地告诉班主任，这位年轻教师并没有表现出惊讶之情，反而有几分掩饰之意。她先是含含糊糊地承认班级里似乎发生过几起失窃事件，但很快又否认这些，并且话锋一转，强调丢钱的事都是学生自己说的，没有真凭实据。她说，有些孩子糊里糊涂的，没准记错了，没准钱是他们自己花掉的。

我不明白班主任为什么会是这样的态度，即便她认为这是我的一面之词，作为班主任，正常的反应难道不应该是立刻着手调查吗？毕竟都只是十来岁的孩子，班主任真要查问，是很容易问出真相的。

这时，有家长悄悄告诉我：每次考试，莉莉的成绩都名列前茅，是班主任的心肝宝贝。"心肝宝贝"倒不是这位家长的夸大之词，我从臭蛋那里得知，班主任真的会在全班同学面前用"莉莉宝贝"来称呼她。这位家长还告诉我，班主任是学校的重点培养对象。言下之意，她不想让学校知道她管不好班级。

我终于明白了班主任的异常反应的逻辑：家丑不可外扬，更好的办法是，根本否认家丑的存在。我也终于明白，我并非第一个得知真相的家长，只是在我之前得知真相的家长都选择了沉默。

那么，我该怎么办？

第一种办法：和其他家长一样，选择沉默。但我的内心涌动着一股暗流，这股暗流左突右冲，总想喷涌而出。我感觉臭蛋也是如此。家里有个拳击球，他常在做作业的间隙玩几下。那阵子，我发现他在拳击球上贴了一张纸条，上面写着：What doesn't kill you makes you stronger（那些杀不死你的，让你更强大）。这是凯莉·克莱森的《更勇敢》(*Stronger*)里的歌词。这张纸很快就被他打烂了。

第二种办法：揭开锅盖，让家丑外扬。这明显是逆班主任意愿而行，我这么做会给臭蛋带来怎样的影响？我明白，其他家长选择沉默，无非是顾忌这点。

或许有人说，还有第三种办法——转校。虽然臭蛋最后的确转校了，但当时我没有动过一丝转校的念头。因为我们已经从一个区搬到另一个区，臭蛋入读新区的初中，没有和他的小学同学一起升入旧区的初中，这样一来，他和原来的同学分离了；而在新区的这所初中，班里有相当一部分学生来自同一所小学，也就是说，他们原本就是熟识的。离开了老同学，新同学又先臭蛋一步形成了小圈子，臭蛋明显是受到排挤和被孤立的，他作出了很多努力，正在一点点地适应和融入新集体。如果转学，新学校的学生又已经彼此熟悉

第 ∞ 章　面对霸凌，我的勇敢「救」了谁？

了,臭蛋岂不是再次成为集体外的人?我不忍心。

是沉默,还是在沉默中爆发?我和臭蛋他爸反复讨论。最终,我决定不再沉默。因为相比臭蛋可能会受到的打击和报复,我更不想让他看到,在不良社会现象面前,妈妈没有勇气坚持原则,而是做一只把头埋进沙子里的鸵鸟。我的发声不仅仅会保护臭蛋的人身安全、财产安全,更会保护他的心灵,保护他对世界的信心。

况且,如果不发声,我无法消除内心的某种不安。自这件事发生后,有个疑问一直困扰着我:莉莉为什么会有这些行为?她遭遇了什么?如果我们选择沉默,她会一直这样下去吗?我的沉默会不会成为某种"见死不救"?

在决定"叫板"班主任之前,我征求臭蛋的意见。臭蛋说:"妈妈,我支持你,如果一件事情是不对的,我们就应该去纠正它。"我关照他:"妈妈和班主任'开战'后,如果你在学校遭受区别对待,一定要及时告知我。"他似懂非懂地点点头。

我和班主任正面交锋。

班主任认为:丢钱、丢东西的事,口说无凭。

我回答:"可以在教室里安装摄像头,学校是区里各类考试的考点,本来就应该安装摄像头。"

班主任说:"这不是你一位家长说了算的,还涉及其他同学的隐私,需要大多数家长同意。"

既然如此,我当晚就起草了一份安装摄像头的倡议书,在倡议书里说明了事情的来龙去脉。我在家长群里发布了倡议书,希望得到家长的支持。我告诉大家,我会在第二天早上孩子上学和下午孩子放学这两个时间段,带着倡议书,站在学校门口,愿意的家长可以来找我签名。

第二天一早,当我站在学校门口的时候,心里是没底的。才过了一个学期,我认识的家长没几位,也不晓得大家愿不愿意和我站在一起。毕竟,在倡议书上签了字似乎就是站到了班主任的对立面。心里没底,脸上也尴尬。其他班级的家长进出时都会瞥我一眼,大概把我当成培训机构拉生意的人了。

但是,让我感动的是,很多原先不认识的家长都特意在校门口转悠,找到我后,在倡议书上签下了他们的名字。一天之内,我就收集到了三分之二家长的签名。

我拿着倡议书副本，找到班主任。我把副本递给她，请她按照流程，呈交校方。同时告诉她，我保留着倡议书的正本，如果校方没有收到副本，我会继续递交的。

很快，我被通知去见校领导。当天出来和我对话的校领导共有五位，一开始，领导们颇有情绪，有点用大道理压人的意思。但我没有怯场，我想，我只要把心中所想真实地表达出来，他们毕竟是教育工作者，最终一定能够理解我。我反复申明我的立场：不是要搞事情，而是要保护包括臭蛋在内的被欺凌的孩子；也保护莉莉，因为她的行为不仅必须引起校方的重视，校方更应该及时与她的家长沟通，看看她到底出了什么事。我说：请相信一位母亲的心意，我是真正在关心两个孩子——被霸凌者和霸凌者。

后来的事实证明，不管是学校领导还是班主任，一旦放下了对立的情绪，便能客观地看待这件事了。尤其是班主任，当她突破了"家丑不可外扬"的自我限定之后，也能真正从孩子的利益出发去思考问题。

最终教室里没有安装摄像头，但我的目的也

不是真的要安装摄像头,而是要让班主任和学校领导承认"房间里的大象",并着手解决。莉莉的行为被有效制止,而且学校没有一禁了事,而是把莉莉的在校行为与家长做了深入沟通。事后,班主任告诉我,莉莉妈妈一开始怎么都不能相信,在他们眼里那么乖巧的女儿,在校会有这样的行为。在班主任的鼓励下,莉莉妈妈和莉莉敞开心扉地交流。原来,莉莉妈妈要求女儿所有的科目都必须考满分,这给了女孩非常大的压力。莉莉哭着对妈妈说,她控制不住自己的行为,就想发泄出来。莉莉的情况已经到了需要心理医生介入的程度。莉莉妈妈哭着对班主任说,她再也不逼孩子了,只要女儿身心健康就好。

事情到此算是比较圆满地解决了,在纷纷扰扰之中,六年级的第二学期眼看就要结束了。这时,臭蛋对我说:"妈妈,我想转学。"我问他为什么,是不是老师有针对他的行为?他说,老师并没有对他怎么样,但他想换个环境。我对转学心存疑虑,也把我的疑虑告诉了臭蛋。但臭蛋表示,哪怕需要重新适应环境,他也要转学,因为从入学开始,他便不太喜欢这所学校。

有时候,学生和学校也是要看缘分的。既然如此,我便答应了臭蛋的转学要求。我们报名参加了外区一所民办初中的插班生考试。这所学校平时是很难进的,但这所学校时常有学生中途出国留学,因而不定时地会有学位空出来。臭蛋大概卡对了时机,顺利被录取了。

我找班主任办理转学手续,得知她暂时被调离了班主任岗位。对着她,一时间我也不知说什么好。毕竟,对一个踏上工作岗位不久的年轻人来说,这是一个不小的打击。但让我意外的是,班主任反而安慰我不要在意。她说她已经想明白了,之前是自己顾虑太多而忘了教育的初心。看着眼前的年轻姑娘,我也很感慨。她不过20岁出头,自己还没有成家,更没有当母亲,大学里所学的都是教育的理论,一下子遇到棘手的实践问题,确实难为她了。那天我真心对她说,其实当时她完全可以召集家长一起商量解决之策,而不是捂住自己的眼睛去否认问题的存在。在教育孩子的问题上,家长都是愿意出力的,而且家长都经验丰富。没办法,做家长就是个很需要经验的"工种"。

关于校园霸凌的故事,讲到这里就要结束了。

在考虑给这个章节起什么标题时，我想了很久。勇气是我一早就想好的关键词，不管是臭蛋向杰克跨出的那一步，还是我向班主任发起挑战的那一刻，都是勇气使然。勇气当然首先"救"了我们自己，使我们免受伤害，免于陷入软弱和无原则的妥协之中。但我们的勇气是不是同时也在"拯救"霸凌者？就像罗马不是一夜之间建成的，一个校园霸凌者也不是一天之内变成的。新闻中那些施虐情节令人匪夷所思的校园霸凌事件，都不是突发事件，也都不是单一事件。当一个孩子开始欺负同伴的时候，被欺负者的抵抗难道不是在叫停他的错误行为？难道不是在及时提醒对霸凌者负有教育、监护之责的人？

抵抗虽然需要勇气，但也无需天大的勇气。通过上面这两个故事，尤其是第二个故事，可以看到，在发动挑战之前，我想得太多、太复杂了，甚至想到班主任会不会打击和报复孩子。事实证明，我们的教育者还都是坚守职业操守的，我的担忧有些"以小人之心，度君子之腹"了。

要对我们的学校、我们的老师有信心。这，也是一种勇气。

第9章

妈妈永远"在线"

不要忽视和轻视孩子提出的任何问题,而要尊重和重视孩子的表达,从孩子幼稚的语言中发现他正在思考的重要人生问题,抓住时机和他展开讨论。孩子主动提出某个话题,说明他正在思考它,此时此刻,如果用一句"小孩子懂什么,不要乱问这种事"来搪塞,甚至呵斥孩子,以后就不要怪孩子不愿意和父母沟通了。

孩子提出任何问题都应该被允许,父母都不要大惊小怪。如果父母一惊一乍,就会吓到孩子,认为自己提了一个不得体的问题,以后就不敢再提了,但这不代表他的困惑消除了。更不要对孩子的提问进行道德审判,孩子有权利对任何事产生任何疑问,表达任何看法,而帮助孩子树立正确的人生观、价值观是为人父母的职责。

常常有朋友关心地问我：孩子不能回来，有没有经常和他视频聊天？

我都很感激地点点头，回答：有的，有的。

和孩子保持良好的沟通，是非常重要的。但孩子孤身在外，我并没有天天缠着他视频聊天。我掌握的尺度是：只要孩子找我，只要我不是在做紧要的工作，我一定放下手头的一切，全神贯注地和他聊天。但没有特别的急事，我不会主动找他聊天。因为我不晓得那一刻他是不是正好有课，或者正好在和寄宿家庭的"家人"聊天。我希望孩子和他们有更多面对面的互动，而不是躲在房间里和我聊天。但每次结束聊天前，我都会啰唆一句：任何时候，任何事情，都可以来找妈妈，妈妈永远在线。

永远在线，是我给臭蛋的承诺。话说起来简单，但要保证随时在线，我必须24小时手机不离身，睡梦中听到轻轻的铃声也能醒过来。臭蛋有一次感慨："妈妈，你好像都不睡觉的，随时都能回应我。"不过，臭蛋也非常暖心，他一般都在我起床后才来联系我。

从面对面聊天到网络聊天，聊天构成了我们母子关系中最重要的一环。

小时候，接送臭蛋放学的路上是我们母子俩聊天的好时机。相对来说，早上聊得少，因为早上我们会一起听新闻、英文或者音乐。有阵子，我俩一起听名家散文。记得有一篇散文是作者回忆过去裸婚年代的纯真爱情的。我有感而发，对臭蛋说："多美好啊，不受房子什么的影响，以后妈妈也不应该给你房子，免得污染美好的爱情。"臭蛋一听急了："不行，妈妈，那样的话，我会娶不上媳妇的。"想想也是，母子俩都乐了。

放学路上则是很纯粹的聊天时间，臭蛋和我分享学校里发生的事情。但有一天，大概是他读三年级的时候，他上车后一直很沉默。我从后视镜里看看他，给他时间。知子莫如母，我知道他一定有心事，也一定会跟我说的。果然，路走到一半，他开口问我一个问题："妈妈，是不是我越优秀，喜欢我的女孩子也会越优秀？"

"是啊"，我先回答他，然后八卦地问："怎么啦？是不是今天有女孩子向你表白？"

第 9 章　妈妈永远「在线」

臭蛋扭捏地扭扭身子。

我也不逼他,但我觉得,这是开启一场有关恋爱的讨论的好契机。我先拍他马屁:"你真厉害,很多成年人都没想明白的事,你刚才一句话就说透了。"

接着告诉他我对爱情的看法:"妈妈觉得,好的爱情首先是般配的爱情。妈妈说的般配,不是你有几套房、我有几套房的那种般配,而是正如你所说——优秀。一个优秀的人,才能激发另一个优秀的人的爱慕。"

"那不是藤的爱情,而是树的爱情。"我念起舒婷的《致橡树》——我必须是你近旁的一株木棉/作为树的形象和你站在一起/根,紧握在地下/叶,相触在云里/每一阵风过/我们都互相致意/但没有人/听懂我们的言语/你有你的铜枝铁干/像刀,像剑,也像戟/我有我红硕的花朵/像沉重的叹息/又像英勇的火炬。

我接着说:"爱情,不能靠一个人对另外一个人的乞求,也不能靠一个人对另外一个人的施舍。有些人在表白遭拒后,仍然死皮赖脸地缠着人家,其实只会招致对方的厌弃。人要想获得美好的爱情,唯一能做的不是打动别人,而是完善自身。唯有如此,才能赢得真正属于自己的爱情。"

"同时,好的爱情能让彼此都变得更好。"我说,"如果两个人在一起,不能给彼此带来正面的影响,不能在彼此尊重和互助中实现两个人共同的成长,就不会是一段特别理想的爱情。"

臭蛋听得似懂非懂,他接着问了我很多问题。比如两个人在一起后,一个人生病了,另一个人怎么办?如果一个人想要孩子,而另一个人不想要孩子,又怎么办?等等。我都特别认真地谈了我的看法——是谈了我的看法,而不是告诉臭蛋答案。

比如,针对一个人生病,另一个人怎么办的问题,我是这样回答的:"妈妈比较建议你找一个健康的人携手度过一生。健康的人既是指对方当下是健康的,也指对方的生活方式是健康的。但是,今天健康不代表明天、后天也健康。如果你们在一起之后,对方不幸生病了,那么,无论是在道义上还是在情感上,你都应该照顾对方。"

针对一个人想要孩子,另一个人不想要孩子的问题,我分两种情况予以回答:如果可以生孩子，但一方不想要孩子，妈妈认为，这个问题应该在婚前讨论，并达成一致意见，而不应该把这个矛盾留到婚后。婚前讨论的时候，双方应该坦诚表达自己真实的意思，不能一方暂时迁就另一方，想着以后再慢慢改变对方的心意。

如果双方都想要孩子，但因为健康原因要不了孩子，既可以考虑用医学手段来解决，也可以考虑就不要孩子了。当然，这也得双方一起商量决定。妈妈要提醒的是，两个人的感情需要两个人来维系，而不是靠孩子来维系；如果两个人的感情能否维系下去取决于有没有孩子，那就是两个人的感情出现了问题，而不是两个人能不能有孩子的问题。

常常有人问我，你怎么能把臭蛋培养得那么成熟、理性、有主见？我想，并没有什么秘诀，而是打心眼里把他当成独立、理性的人来对待。我这么说，并不是说要完全地用成年人的话语系统和孩子说话，弄得孩子云里雾里的。而是说，首先，不要忽视和轻视孩子提出的任何问题，而要尊重和重视孩子的表达，从孩子幼稚的语言中发现他正在思考的重要人生问题。其次，要抓住时机和他展开讨论。孩子主动提出某个话题，说明他正在思考它，此时此刻，如果用一句"小孩子懂什么，不要乱问这种事"来搪塞，甚至呵斥孩子，以后就不要怪孩子不愿意和父母沟通了。最后，孩子提出任何问题都应该被允许，父母都不要大惊小怪。如果父母一惊一乍，就会吓到孩子，认为自己提了一个不得体的问题，以后就不敢再提了，但这不代表他的困惑消除了。更不要对孩子的提问进行道德审判，孩子有权利对任何事产生任何疑问，表达任何看法，而帮助孩子树立正确的人生观、价值观是为人父母的职责。

在各种聊天中，我从不给臭蛋许以一个童话般美好的世界。不，我会在世界戒毒日的时候，和他分享成瘾者的照片；会和他讨论新闻里那些被欺凌者的境遇。我不会对他说"正义会迟到，但永远不会缺席"，相反，我会告诉他，迟到的正义换不回被剥夺的人生。我想让臭蛋知道，世界不完美，社会有很多阴暗面，他没有经历过的很多事也许正在有些地方、有些孩子身上发生。我会告诉他，你善待别人，大部分人也会回报以善意，但不要指望每个人都如此。我会告诉他，人从出生那一刻起就在走向死亡，但这并不意味着我们可以放弃自己，浑浑噩噩地过一生。有黑暗，光明才可贵；生命有限，人生才要活出价值。

在聊天中，父母的角色是探索的同行者、价值的引导者和情绪的疏解者。臭蛋14岁那年暑假，正在读《上帝掷骰子吗：量子物理史话》一书。晚饭后，我和他去楼下散步。他边走边和我兴奋地讨论书中的故事，继而发出感叹："妈妈，书中的这些科学家都是在很年轻的时候就取得了重大的科学成就，我都14岁了，已经这么老了，还没发现自己在哪方面有天赋，我该怎么办？"

一个14岁少年说自己"已经这么老了"，我这老母亲也只有苦笑了。不过，我理解他那一刻的心情。当天有一个热门新闻是一个14岁少年被清华大学录取，每年高考前后，都会出现此类新闻。

该如何回答这个问题呢？

泛泛的安慰？不，这个问题既是臭蛋问我的，又是我要问我自己的。或者说，家长都应该问问自己——你希望自己的孩子是个天才吗？

正像我在之前的篇章里所写的，孩子刚生下

来的时候,他的一举一动在父母看来都像某种天启,印证着父母心中的期盼:我生了个天才。可是,这世上哪有这么多天才?而且,你真的愿意你的孩子是个天才吗?

世上当然有幸福的天才,但我不得不说,天才不幸福的概率比普通人高很多。因为天才大都在某一或某些方面特别有天赋,这种天赋让他与众不同,同时也意味着他异于常人,可能不太合群。不仅如此,天才并不是只要有天赋就可以了,还需要在天赋异禀的领域持之以恒地钻研下去。能成为天才的人,从某种角度来说,都有些偏执。不偏执,几乎不能把自己全部的精力凝聚成深入某一领域的利刃。

因为容易不合群、容易偏执,很多天才难以与他人和谐相处。翻阅天才们的传记,你会发现,很多天才在有生之年都难以获得外界的理解和认可,也难以获得内心的平静。

我是不是要鼓励臭蛋做一个平庸的人?不。那天,我向臭蛋表达的重点是:天才太少了,你不是天才很正常。妈妈也很高兴你不是天才,因为妈妈更希望你拥有一个幸福的人生。虽然你不是天才，但你依然有机会成为优秀的人。事实上，被大家普遍认为优秀的人，他们常常不是天才，而是普通人，智商和你我相差不大。不过，如果去了解他们的人生轨迹，一定会发现，他们虽然各有各的成功，但总有一些共同点，那就是专注和勤奋，大概率还有善于与人合作。随着社会的发展，跨学科合作越来越重要，创新往往发生在跨界领域，发生在多元思想碰撞的时刻。世界需要更多的合作者，而不一定需要那么多偏执的天才。

我同时告诉臭蛋：一个人对社会的贡献可以是多方面的。就某项科学发明、发现来说，发明者、发现者固然值得尊敬，组织和管理研究团队的人也是很有才的，也是值得尊敬的。不要说自己没有天赋，天赋是多种多样的，观察力、同理心也是一种天赋，要好好珍惜。

至于成就，我对臭蛋说："每个人的节奏不一样，有早慧的，也有晚成的。只是今天的人太着急了，这个社会太赶了，所以早慧的新闻满天飞，因为人人都渴望年少成名。可是，妈妈不急，妈妈希望你也不要着急。慢慢来，只要我们人生的斜率是正的，我们就一直在爬坡，一直在进步。"

聊天让我和臭蛋一直保持着亲密的母子关系，他甚至常常与我分享他做的梦。常有人抱怨，孩子不愿意和自己聊天，除了上面我提到的，不要对孩子进行道德评判，不要轻视、嘲讽孩子的困惑外，还有一个很重要的方面是，和孩子要聊得起来，要有东西可聊。在阅读这个章节里，我讲述了我和臭蛋的阅读故事：从最开始的由我主导的阅读，到两个人一起阅读，再到目前由他主导的阅读，我俩始终在阅读。阅读让我和臭蛋有了许多共同的话题。

关注孩子关注的东西，也是创造亲子话题的好办法。臭蛋喜欢人工智能，喜欢自然科学，喜欢漫威电影，于是我也去关注这些领域。有趣的是，我最初是因为臭蛋而去关注的，但稍有了解之后，我自己也"入坑"了。当我们希望孩子不要沉迷于游戏，而要有广泛的兴趣爱好时，我们做父母的也应该有广泛的兴趣爱好。如果父母对生活没有激情，孩子和你聊什么呢？

第三个创造聊天话题的好办法是和孩子一起关心时事、关心社会。在与孩子讨论时事政治、社会热点的时候,父母其实是在对孩子输出价值观。这个时候一定要注意,父母本身不要偏激,只有自己保持独立思考的精神,时刻注意多角度看待问题,孩子才不会被引向偏激。

这一点在当下尤其重要。互联网的高度发展正在不断加剧社会的极化。在传统社会,人与人之间有更多当面辩论的机会,但在网络时代,每有热点事件发生,不同观点之间很快形成对立的阵营,人们会删掉与自己三观不合的人的微信,屏蔽自己不想看到的信息。这样做的结果是,使自己陷入同质化的信息之中,自己的观点不断得到同道中人的强化,却再也听不到别的观点。虽然每个人都无法完全避免"站队",但我和臭蛋谈论时,总会提醒——哎,我们是不是也来想想对立的意见是什么,想想对立意见中是否也有合理的部分?

同时,也需提防一些似是而非的观点。在这方面,臭蛋比我做得更好。有一次,我和臭蛋分享一篇文章,文章里有很多数据分析,最终推导出一个观点。我其实没有仔细地看文章的分析过程,但因为作者列出了详尽的数据,还有一个貌似非常严谨的论证过程，我便轻易地接受了文章的观点。臭蛋读过之后却指出其中几处数据自相矛盾之处。他提醒我，对数据的统计也是藏有立场的，哪怕数据都是真实的，没有作假，从不同的立场出发，用不同的模型分析同样的数据，可以推导出不同的结论。后来，他的这一观点成为他的 TOK（theory of knowledge，IB 三大核心课程中的"知识理论"）论文的主题。

还有一种聊天方式叫"隔空示爱"，是我为了和臭蛋"搞好关系"而耍的小手段。那就是当他在学习、生活或与人交往中取得一点小成就、小突破时，我总是第一时间在朋友圈里"嘚瑟"。虽然由此摘得"晒娃狂魔"的称号，但我捕获了臭蛋的"芳心"，让他感觉到妈妈时刻关注着他，时刻在为他自豪。

第10章

做一个好妈妈就一定意味着牺牲吗?

在所有这些"如果"中,最重要的是,如果没有臭蛋,我可能不会成为一个柔和的人。我年轻时候的尖锐和阴郁,都在对臭蛋付出爱和接受臭蛋对我的爱的过程中,被抹平,被照耀,被救赎。

一段理想的恋爱关系,是能够让彼此变得更好的恋爱关系。这个道理同样适用于母子关系。从带着臭蛋跑,到陪着臭蛋跑,到最后终有一天,我会跟着臭蛋跑,因为臭蛋,我的人生一直在奔跑。奔跑并享受奔跑的人生,难道不是一个女性理想的人生状态?

成为好妈妈,于我,没有牺牲,只有收获。

在玛雅·安吉洛《女性三部曲》的读书分享活动中，主持人问我和译者："女性如何在满足自我和做一个好母亲之间取得平衡？"她说，这是活动直播过程中，在线观众问得最多的一个问题。

平时和朋友们聊起育儿经时，也不止一两个人问过类似的问题。

这个问题有一个预设的立场：做好母亲需要女性付出牺牲。

真是这样的吗？

那天，译者对这个问题的回答是：一旦把孩子生了下来，父母对孩子就是负有责任的。要不要生孩子，应该在生之前考虑成熟，而不是把孩子生下来之后再来计算自己的得失。

我完全同意译者的观点，但我想更进一步讨论的是：为什么做一个好妈妈就一定意味着牺牲？

我对臭蛋负有养育的责任，但我对他并非只是尽责，臭蛋带给我很多的快乐。

臭蛋几个月大的时候，我作为新手母亲，总是哄不睡臭蛋，需要外婆出马。一旦外婆把他哄睡了，我总要蹑手蹑脚地过来，把外婆赶走，自己在他身边躺下。这时候，一个粉妆玉琢的小人儿就在你的臂弯里了，呼吸之间满是婴儿的甜香。睡梦中，他的两条藕似的小胖腿，有时会在被子里蹬几下，像只小青蛙。醒着的时候不要我，睡梦中他却呢喃着往我怀里钻。

等臭蛋长大一些，他从"不要我"变成"黏着我"。如果早上醒来看不到我，便会大哭一场，我往往得在上班路上用电话哄他平静下来。这是一种我在此之前从没有过的感受：在这个世界上，有一个人如此强烈地依恋着你。

等臭蛋再长大一些，我俩爱玩一个"去月球"的游戏。他搂着我，人几乎吊在我身上。我嘴里说着，"臭蛋太烦人啦，我要逃到月球上去"。说完就闭着眼睛跳一下，再睁开眼，"月球到啦"。然后，装作很惊讶的样子："咦，臭蛋怎么也跟来了？"每当这时候，臭蛋总是咯咯地笑："妈妈，你是甩不掉我的！"

等臭蛋长到十几岁的时候，我们的游戏倒过来了。他已经高我一头了，我常常一把抱住他的腰，他就说，"妈妈太烦人啦，我要逃到月球上去"。说完就闭着眼睛跳一下，再睁开眼，"月球

妈妈永远「在线」

到啦"。然后装作很惊讶的样子:"咦,妈妈怎么也跟来了?"这回轮到我得意地说:"臭蛋,你是甩不掉我的!"

我相信,每一对母子都有属于自己的密语与游戏,虽然各有不同,但母子之间的依恋大同小异。当我写下这段文字的时候,我的嘴角一直是上扬的,我和臭蛋蹦来跳去的场景仿佛就在眼前。我想,快乐的滋味是一种丰富、多层次的甘甜,其中一味便是彼此需要、彼此陪伴。孩子一路成长自然是需要父母的,但父母何尝不需要孩子呢?

臭蛋他爸也是如此。臭蛋求学在外,他便常常絮絮叨叨地讲起臭蛋儿时的故事。

在臭蛋他爸眼里,臭蛋是个十足的"傻"儿子。读到小学二年级的时候,臭蛋还对他爸的话深信不疑。他爸说自己在学校里有一个神秘人朋友,这个神秘人每天和他通电话,告诉他臭蛋的在校表现。为了让臭蛋相信确有这么一个人存在,臭蛋他爸还给臭蛋看他手机里存的神秘人的电话号码。直到有一天,我拆了他的台:趁臭蛋他爸不注意,我悄悄拿手机拨通神秘人的号码,结果,臭蛋他爸的包里响起了电话铃声。看到这一切的臭蛋才明白，所谓的神秘人的电话不过是爸爸的另一部手机。

不过，不是只有臭蛋他爸在骗臭蛋。我每年都会用圣诞老人的名义给臭蛋写信、送礼物，臭蛋对此深信不疑。小学三年级的时候，别的孩子早就不相信世界上真的有圣诞老人了，臭蛋依然得意地把圣诞老人写给他的信和送给他的新日记本带到学校去。结果，我的"骗局"被臭蛋的同学戳穿了："臭蛋，圣诞老人怎么用的是你妈妈单位的信封？"

有时候想想，到底是臭蛋这个儿子傻，还是我和臭蛋他爸这对父母傻？总之，现在脑海中能记起来的，都是这些傻里傻气的故事。然而，正是这些傻里傻气的故事，组成了许许多多微小的快乐。假如没有孩子，生活也可以是快乐的，只不过不会是这个样子的快乐。快乐有很多种，每个人都可以选择自己想要的快乐，而我恰恰最喜欢孩子带来的那种快乐。如果我的人生是一幅画卷，把有关臭蛋的一切用橡皮擦去，我的人生还会剩下什么呢？我不知道，因为我想象不出来。

除了快乐，臭蛋还带给我成长。

正常一个人的一生，要花十几年的时间接受教育，还需要一段时间来学习具体的技能，才能成为一名教师、医生或其他行业的工作者。但没有任何一所学校或一种岗位培训，是教人如何做父母的，我们只能在做的过程中学，在学的过程中成长。养育臭蛋，磨炼了我的心性，让我从一个急躁的人，懂得慢下来、蹲下去和孩子对话。既有了耐心，又学会读心的魔法后，自然会影响我在社会上、工作中与他人相处的节奏和心境。

成长不是只有一个向度。我们通常认为成长是心理越来越成熟，能力越来越强大，但臭蛋让我体会到，成长也可以是一种回归，回归到至纯、至简的人性本初。前面聊校园霸凌时讲到的臭蛋与杰克的故事便是一例，它让我看到善良可以是一种很强大的力量。成人世界之所以复杂，是因为我们离最初的善良有些远了，把精于计算当作一种成长。一路陪伴臭蛋长大，他的善良也在让我成长。

臭蛋小的时候，摔跤摔掉了门牙，他对着镜子哭，认为自己再也不会有门牙了。外婆告诉他，

妈妈永远「在线」

牙齿掉了还会长出来。后来，当他跟着外婆在小区里散步，看见和外婆聊天的一位老爷爷也没了门牙，就特别认真地对老爷爷说："爷爷，你不要伤心，牙齿掉了还能长出来的。"老爷爷跟他说自己的牙齿不会再长出来了，臭蛋急坏了，他追着老爷爷不放，不停地说，直到他确定老爷爷相信了他的话，不会再因没了牙齿而伤心后才放心地回家。这看起来又是臭蛋做的一件傻事，但他傻傻的样子让人感动。

我和臭蛋他爸吵架时，臭蛋会在门底下塞进来一张他画的画。画面上是一台电视机，电视机里正在播央视新闻。字幕显示：某（我的名字）国与某（臭蛋他爸的名字）国发生了激烈的争吵，某（臭蛋自己的名字）国表示保持中立，不站队。对孩子来说，父母吵架是他们最害怕和担心的事，臭蛋在用他的小心计努力化解我和臭蛋他爸的矛盾。看到这幅画的瞬间，我能体会到他的那份小心翼翼和善良，便不再和臭蛋他爸争吵了。

曾经，我的情绪很容易起波动，为了更好地养育臭蛋，有一年时间，我每个周末都去上心理学的相关课程，最后通过了国家二级心理咨询师的资格考试。通过学习，我掌握了理解他人的两个维度：一个是从他人的过去经历出发，理解他人何以成为今天这个模样；另一个是以自己的感受去体会他人的感受，也就是我们常说的换位思考。为什么我似乎总能很好地理解臭蛋，而不像有些母子那样，走着走着就成了最熟悉的陌生人，我想，这段学习经历起了很大的作用。

记得有一次，一位医生朋友来家里玩，臭蛋兴奋地拿出自己最喜欢的奥特曼圆珠笔给这位医生"大妈妈"（上海话中对比自己母亲年龄大的女性的称呼）看。医生"大妈妈"在按笔的时候用力过猛，圆珠笔散架了，臭蛋哇地一声哭出来了。在这种时刻，很多家长的做法可能是马上喝止孩子，免得朋友尴尬。但我所学的心理学知识让我明白，孩子此刻的反应是正常的，因为这是他心爱的玩具，孩子还不能像成年人那样懂得掩饰自己的真实情绪。此时此刻，父母的呵斥只会让他感觉更伤心、更委屈。于是，我把臭蛋抱到另外一个房间，让他坐在我腿上，轻抚着他的背，用柔和的声音对他说："妈妈知道你现在很伤心，这可是你最喜欢的笔呢，上面有奥特曼。"从专业的角度来说，这是在肯定孩子的情绪。

很多时候，我们看起来是在劝慰别人，但内心并没有真正地认同别人的情绪，甚至会觉得这事有什么大不了的，何必这么矫情。但一个人在伤心、难过的时候，最需要的首先是理解，是劝慰者对他的情绪的肯定。听我这么说，臭蛋哭得更伤心了，但很快缓和下来。因为他的情绪得到了肯定，也得到了宣泄。在他平静之后，我又柔声问他："臭蛋，我们现在来想一想，你犯错误的时候，是不是希望妈妈快点原谅你？如果妈妈一时还没原谅你，你是不是会特别紧张、特别难受？我猜，医生大妈妈现在的心情跟你那种时候的心情是一样的。"

臭蛋睁大眼睛看看我，这可能是他原来没有想到的问题。不管是大人还是孩子，人都是这样的，在自己的情绪没有得到承认和疏导之前，很难站到对方立场上去考虑对方的感受。臭蛋的情绪已经得到了宣泄和疏导，开始能够也愿意去想象和感受医生大妈妈的心情了。很多事情是无须说大道理的，只要孩子愿意去体会别人的感受，他自然知道该怎么做。他轻轻地跟我说："妈妈，我们出去吧。"回到客厅,他像个小大人一样走上前,拉住医生大妈妈的手,一本正经地说:"你别害怕,我原谅你了,我们继续玩吧。"

两年后,同样的事情又发生了一次。那天是臭蛋的生日,我们邀请了一些小伙伴来家里玩。有个小男孩个子高、力气大,在打闹中一把扯掉了一个布娃娃的腿。这个布娃娃对臭蛋来说很特别,我的妹妹、他的阿姨在他很小的时候,就把这个娃娃送给了他。臭蛋自认是这个娃娃的"爸爸",娃娃是他的"儿子"。每天早上上学前,他都要跟娃娃说再见,晚上睡觉时都把娃娃放在枕头边。后来出国留学,臭蛋也把娃娃放进了行囊,至今陪伴着他在异国他乡生活。这么有特别意义的娃娃被扯掉了腿,臭蛋的心情可想而知。但这一次,他没有哭,也没有责怪小伙伴。我则马上拿出了针线包,带着他和娃娃,找了一个安静的角落,开始缝补娃娃。我一边缝补,一边对臭蛋说:"你看,小孩子长大的过程中总是要摔摔打打的。你小时候就摔过跤,妈妈带着你上医院缝针,这会儿呀,轮到我这做奶奶的给你'儿子'缝针啰。"

因为学了点心理学知识,在圆珠笔事件发生时,我能比较好地应对,让臭蛋学会了如何处理自己的情绪和理解他人的心情,学会了发生这类问题时的应对方式。所以,在布娃娃事件发生时,他不会只顾自己的情绪,而是会原谅与体谅他人。

学习心理学知识,让我成为一个更好的母亲,自然也让我在工作单位成为一个更好相处的同事。一个人的身份是多元的,我在家是母亲,在外是"打工人";但一个人的思维模式、行为方式大体是一致的。为了更好地抚育臭蛋,我不断地自我学习、改善与提升,这些也都促进了我的社会角色的发展。

将成为一个好妈妈和女性自我成长对立起来,看到的可能只是女性成为母亲之后,在抚育、照料孩子身上所花去的时间和精力,但这是表面的、显性的"损失",实际上,女性在付出的过程中也可以有诸多收获。

如果没有臭蛋,生活可能会慢慢磨灭我对阅读的热情,我可能不会像现在这样持续地阅读,且持续地拓展阅读的领域;

如果没有臭蛋,我可能会在日复一日中渐渐

失去生活的激情,失去对新世界、新事物的好奇之心,我的心可能会先于我的身体老去,而不会像现在这样,始终在努力跟上臭蛋的步伐;

如果没有臭蛋,我可能不会主动想到走进美术馆、博物馆、音乐厅,甚至电影院,每次带着臭蛋看画展、听音乐会,我总在心底感叹——我真傻,我以前错失了多少美妙的时刻;

如果没有臭蛋,我可能安于一隅,安于现状,我的视野不会投向国门之外,不会对另一个国度、另一种文化怀有了解的热忱;

如果没有臭蛋,我可能不会成为一个具有一定自省能力的人。就像我在辅导臭蛋功课时所说的,错题才有价值;我在抚育臭蛋的过程中也犯了很多错误,但因为要努力成为一个好妈妈,我学会了从"错题"中找到正确的解题思路。

在所有这些"如果"中,最重要的是,如果没有臭蛋,我可能不会成为一个柔和的人。我年轻时候的尖锐和阴郁,都在对臭蛋付出爱和接受臭蛋对我的爱的过程中,被抹平,被照耀,被救赎。

为了做臭蛋的好妈妈,我对自己的工作表现

有了更高的要求，因为我希望臭蛋以我为荣。每当他对我说"妈妈，你也要加油哦"，我就浑身有劲。是的，不是只有父母可以向孩子提要求，孩子也可以对父母提出要求。

为了做臭蛋的好妈妈，我需要更敏锐的感知力、更宽广的包容心、更高远的视野、更坚忍的意志力、更持久的忍耐力，这些都帮助我成为更好的自己。

我曾对臭蛋说，一段理想的恋爱关系是能够让彼此变得更好的恋爱关系。这个道理同样适用于母子关系。从带着臭蛋跑，到陪着臭蛋跑，到最后终有一天，我会跟着臭蛋跑，因为臭蛋，我的人生一直在奔跑。奔跑并享受奔跑的人生，难道不是一个女性理想的人生状态？

成为好妈妈，于我，没有牺牲，只有收获。

第11章

在孩子心里装上一根"弹簧"

> 人的一生始终处于认识世界和认识自我的过程中：自我评价过低会导致自卑；自我评价过高，则是人生痛苦的来源。
>
> 认识世界和认识自我都是长期的动态过程，在这一过程中，必须有很强的自我调适能力，才能顺利跨过人生一道道坎。对孩子的幸福来说，分数和技能都远不如父母早早地在孩子心里"装"上一根弹簧来得重要。

北京时间 2021 年 1 月 15 日的晚上，我开始刷臭蛋的普渡大学申请账号。虽然知道这会儿还是美国 15 日的凌晨，账号应该不会更新，却仍然忍不住每隔两三个小时刷一次。但我没有让臭蛋知道我这样的状态，在孩子的很多事情上，做父母的难免会焦虑，但父母是成年人，应该尽量自己消化焦虑，而不是转嫁给孩子。

我和臭蛋在等我们的第一封大学录取信。普渡大学官方宣布15日放榜，但不知道具体是几时。后来我们有经验了，知道一般都是美东时间的中午12点，也就是美西时间的上午9点。

我们太渴望第一封录取信了，尤其是在捆绑性早申请康奈尔大学失败之后，尤其是在周围"混申"（同时申请多国的院校，一般为英美等国的大学）的小伙伴纷纷在朋友圈晒英国大学录取信的时候（英国大学早于美国大学放榜）。

申请季开始之初，有很多文章说，2021秋季申请就读美国大学本科的孩子是幸运的一届，理由有两条：美国疫情严重，中美关系发生变化，F1签证（学生签证）不好拿，很多家庭会取消送孩子去美国留学的计划，这样就降低了竞争的激烈程度；同时，很多美国大学推出"考试可选"政策，就是申请者可以选择不提交美国的高中毕业生学术能力水平考试（Scholastic Assessment Test，简称SAT）、美国大学入学考试（American

College Test，简称 ACT）等标准化考试的成绩，这给了不擅长应试的孩子，比如臭蛋，冲刺好学校的机会。

愿望总是美好的，现实总是残酷的。随着各校"捆绑式早申请"放榜，人们突然发现，2021届美国本科申请人数不降反升，准确地说，是暴涨。今年康奈尔大学一共收到9000份捆绑式早申请材料，相比去年的6630份，申请人数暴增2370人，增长率接近36%。当然，后来我们发现，康奈尔大学不算最夸张的，麻省理工学院暴涨了60%。常规申请结束后的数据统计更是印证了这一点。截至2021年1月22日，美国通用申请系统共收到5583753份申请，较去年增长了10%。像纽约大学这样的私立大学，申请人数竟然突破10万，成为全美第一所申请人数破10万的私立大学。

虽然根据美国通用申请系统的统计，中国学生申请美国本科院校的人数下降了18%，但总体上，国际生申请数量是激增的。印度、加拿大、巴基斯坦、英国等都出现了大幅增长。不管是中国学生还是其他国家的学生，对美国大学来说，都是国际生,是放进同一个"池子"里去评估的。所以,说今年是最难申请季并非夸张之词。

在生活亮出这样的底牌之前,我和臭蛋对康奈尔大学寄予很大的期望,颇有点"迷之自信"。

我们选校的主要依据是计算机专业的全美排名。计算机四强院校(卡耐基梅隆大学、麻省理工学院、斯坦福大学和加州大学伯克利分校)是我们无法企及的高峰,其余位列计算机专业前20名的学校还有伊利诺伊大学香槟分校(专业排名第3名)、华盛顿大学西雅图分校(专业排名第6名)、密歇根大学安娜堡分校(专业排名第8名)、加州大学圣地亚哥分校(专业排名第9名)、马里兰大学公园分校(专业排名第10名)、佐治亚理工学院(专业排名第11名)、威斯康星大学麦迪逊分校(专业排名第12名)、普渡大学(专业排名第18名),以及专业排名第7名的康奈尔大学等。我们把这些学校都列入选校名单,但把第一次捆绑式早申请的机会,即ED1的机会,留给了康奈尔大学。因为康奈尔大学综合排名第17名,在综合排名和专业排名上达成完美平衡。

选择康奈尔大学还有情感上的因素。臭蛋在

十年级时做了一个计算机项目，并发表了论文。在做项目的10个月左右的时间里，一位康奈尔大学的计算机博士承担了导师的角色，给予臭蛋指导和帮助。在这个过程中，臭蛋被这位博士的睿智、博学和友善的风度折服。他甚至在康奈尔大学的附加文书（很多学校会在主文书之外增加文书，问你为什么要申请它，通常被称为"why school文书"）中这样写道："如果'康奈尔人'是像我导师这样子的人，那么我确信，康奈尔大学就是我要去的地方！"这位导师也对臭蛋的钻研劲儿和自我学习能力赞赏有加，为他写了热情洋溢的推荐信。

但是，臭蛋的劣势也是显而易见的。首先，他发自内心地喜欢计算机科学，所有学校都申请了计算机科学专业。这个专业在美国几乎是最热门的专业，美国大学对申请这个专业的中国男生又有很深的刻板印象。其次，他没有参加SAT考试，也没有什么高含金量的奖项。最后，他的未加权平均绩点（Grade Point Average，即平均绩点，是一种计分方式，满分为4）是3.8622。这个分数虽然不低，但跟学霸比还有不小的差距。

可是，对臭蛋来说，他原本是"腰部"以下的学生，来到美国后，一步步克服语言、文化、课程衔接等方面的障碍，从第一个学期的3.67，一点点爬升到3.8622。可以说，每0.001分的进步，都是他努力的结果。我为他自豪。

和大多数美国大学不同，康奈尔大学是分学院录取的，在工程学院的计算机科学专业和文理学院的计算机科学专业之间，我们选择了后者，指望这样可以稍稍降低申请难度。臭蛋的兴趣是计算机科学，而不是计算机工程，他希望本科阶段不要完全陷入纯理工科科目的学习中，而能继续接触文史哲科目，以及他热爱的戏剧艺术。后来的事实证明，这招不管用，康奈尔大学文理学院和工程学院的录取率都低得"令人发指"。

臭蛋高中四年的活动脉络是非常清晰的，除了两个志愿者项目，其余活动都紧紧围绕两大主题展开。一个主题是他始于小学三年级的机器人项目，一直没有中断；另一个主题是他去美国之后开始的与戏剧相关的活动，从舞台灯光师到演员、舞台经理和导演，他在戏剧活动中丰富了自己，发展了领导力，也和同学建立了深厚的感情。

但是，如何将两个活动结合起来呢？

我们曾经尝试着聘请中介机构协助臭蛋申请大学，但初步尝试之后发现，机构的力量确实很强大，但你不免会觉得，自己成了生产流水线上的一个"产品"。我不是说经机构打磨后的"产品"没有特色，事实上，现在的机构也十分懂得"包装"出孩子的特色，但这种特色总觉得像新出炉的瓷瓶，闪着贼光，带着股金属气味。于是我们退出了机构，但这并不意味着我们的申请是封闭式的。我和臭蛋有个强大的后援团，核心成员是一位从事教育行业的小姐姐，然后一圈圈往外扩散，不同圈层的朋友起不同的作用。小姐姐是最重要的角色，如何将两大活动结合起来，就是在我、臭蛋和小姐姐的头脑风暴中成型的：机器人活动的背后是臭蛋对人工智能的浓厚兴趣，但人工智能发展面临的最大问题是，如何让人工智能理解并具备人类的逻辑和情感。要做到这一点，首先自然是要深入地理解人性，而戏剧创造了一个微观世界，我们在这个微观世界中可以设置极端条件，在这种极端条件下去推演人性。戏剧是很好的推演人性的手段，可以用来演绎人工智能按照某种特定算法运行到极致时会导致怎样的结局。这个结合点一找到，整个思路就打开了。这个点既结合了两大活动，又打破了亚洲理科男的刻板形象。

找到这个点之后，外围圈层的朋友就起作用了。围绕这个主题，我和臭蛋构思了四个版本的主文书，在广泛征求大家意见之后，挑出一个最优版本，在此基础上臭蛋自己不断地优化和打磨。

在做了所有能做的工作之后，我们提交了申请，在经受了康奈尔大学延期放榜的煎熬之后，终于，在美西时间2020年12月17日晚上7时、北京时间18日上午8时，等到了康奈尔大学放榜。

前一晚微信聊天时，臭蛋对我说："妈妈，你好好睡一觉，醒来就有录取通知书了。"在讨论何时开启第二轮捆绑式早申请（ED2）的工作时，他甚至说："先看康奈尔大学的申请结果吧，万一没录，再考虑ED2的学校。""哎哟，说得好像康奈尔大学不录你是意外似的。"虽然在微信里打趣臭蛋，但我心里是担心的：这孩子的实力匹配的明明是综合排名前50名左右的学校，现在却跌入了"康村"的坑。

8时01分，微信上跳出臭蛋的话："妈妈，凉了。"当时我刚出门，这一天因工作需要，我要一早赶往市郊。

我赶紧回复他："没事，早申被拒太正常了。"微信刚发出，臭蛋就打来了视频电话。

平时我们多是语音聊天，只有在我强烈要求下，他才会开视频，让我这个老母亲"一解相思之苦"。但这一天，在我去市郊路上的一个半小时内，臭蛋打来了三次视频电话。网络断了，他重新打来；说完挂了却又突然想起什么，他再打来……

我有时给他分析形势，告诉他，康奈尔大学对我们来说，本来就是树上最高处的那颗果子，不止跳一跳，恐怕要跳很多跳，才有微乎其微的可能性摘到那颗果子；告诉他，早申被拒是99%的人会得到的结果，被录取才是"意外"；告诉他，冷静下来想想我们最初的出发点是什么，在我们决定去美国留学的时候，排名前五六十名的学校对我们来说都是"梦校"，可是这一路走来，我们因为取得了一些进步而"飘"得有点厉害了……更多时候,我只是静静地、耐心地听他讲。

我很幸运,我的孩子在失落的时候,会和他的老母亲倾诉。我不知道其他家长是怎么想的,对我来说,最害怕的事是孩子不把心事说出来。只要孩子肯说,什么问题都不是问题,总能找到解决的方法。臭蛋出国之后,每当他乐滋滋地和我分享点滴进步,在挂断电话之前,我一定要唠叨这么一句:好消息跟妈妈分享,坏消息也一定要第一时间跟妈妈说。我不担心臭蛋在外管不住自己,因为我对他有信心,我最担心的是他太懂事了,会对我"报喜不报忧"。

光这么唠叨也没用,关键还是要做示范。我会时不时地跟臭蛋吐槽工作上的闹心事,有时还跟他"撒娇"——"完了完了,妈妈今天又在刷剧了,没有好好工作。"我想让臭蛋知道,烦恼人人、处处、时时有,是躲不过的,是人生的常态;偶尔懈怠一下,也没什么大不了,因为这是人性。我想让他知道,妈妈烦恼的时候会找他倾诉,他不仅是我的儿子,也是我的好朋友,这样就能无形中让孩子也把我当成朋友。我和他是平等的,我需要用我的真诚与坦白，而不是家长的权威，去赢得他的信任与友谊。

当然，吐槽也是有讲究的。我不会怨天尤人，把产生烦恼的责任都归咎于他人或环境。我是以吐槽的形式在臭蛋面前做自我的剖析和反省——这个烦恼是怎么产生的，我自己要承担什么责任；这次如何解决，下次如何避免。在这个过程中，臭蛋一点点地理解社会，去学习做人和做事，而我自己也在这个过程中更好地捋清思路，用更积极的心态去面对烦恼，用更积极的方式去解决问题。因为我会想着，我要给臭蛋做榜样。

总之，我在这里想分享的是：父母在孩子面前展现真实的自己，不搞家长威权，也不要求孩子必须坚强，必须收起脆弱，就可以更好地鼓励孩子打开心扉，说出烦恼，不让不良情绪郁结在心。不过，说出来只是第一步，第二步是既懂得反省，吸取教训，又懂得与自己和解，不纠结于过去，不让"过去"过不去。

当臭蛋第三次和我结束视频聊天时，我知道，他已经释然了，因为他已经开始自嘲："妈妈，我现在听到'康奈尔大学'这几个字，就像听到前女友的名字，扎心。"我说："老铁，你还没有一个前女友呢，哪尝过扎心的滋味？不过，以后没准你会有好几个前女友，一颗心哪够扎的？还不如洗洗睡吧。"

就像臭蛋在作出不回来过暑假的决定之后，就迅速地安排了自己的暑假生活——去读华盛顿大学西雅图分校的夏校一样，他对康奈尔大学也放下了，开始积极地准备第二轮捆绑式早申请的学校，并决定在常规申请轮中增加几所安全学校。

普渡大学是继康奈尔大学之后第二所放榜的学校。普渡大学的工科全美知名，且因为校友中有邓稼先，国人对普渡大学也非常认可。普渡大学的综合排名虽然是第50多名，但它是全美第一个成立计算机专业的大学。其最出色的专业是航空航天，学校甚至拥有自己的高水准的飞机场，不止航空航天专业的学生，其他专业的学生如果有兴趣，也可以学习驾驶飞机，考张飞机驾照。

早上5:30，当我迷迷糊糊中看到电子邮箱中出现"congratulation"（祝贺）一词时，兴奋地从床上一下子坐起来。我给臭蛋发消息，他倒比我淡定。

就这样,我们拿到了第一封录取信,有了普渡大学计算机科学专业作为保底。对我们来说,这个保底学校很"奢华"。

最初的兴奋过后,我问臭蛋:"你有没有想过这次还是被拒,拿不到普渡大学的录取信?"

臭蛋回答我:"当然想过啊,被录、被拒都有可能。要想好的,也要想不好的。"

"如果被拒,你打算怎么办?"我接着问。

"那就把排名再往后推,在综合排名第60名和第100名之间的学校里找自己喜欢的学校。"臭蛋说。

听到这里,我暗自开心。臭蛋的心态真的很棒。在我们成长的过程中,总是被灌输、被要求一定要坚持,绝不能放弃,但随着年龄渐长,我越来越觉得,理性的放弃、适当的妥协也是很不容易做到的,也是非常重要因而应该被鼓励的。在那些选择跳楼的孩子中,有很大一部分是非常优秀的孩子,也就是所谓的"学霸"。他们从小的"人设"是优秀,是完美,是坚强,是永不言败。这样的"人设"困住了他们的心,绑住了他们的手脚,让他们将压力一点一点地累积在心里,直到最后把他们压垮。杀死他们的凶手一是不说，二是不放弃。

我常常庆幸，臭蛋是从"学渣"人设起步，因为起点低，他只要有一点点的进步，都让我和他感受到幸福和喜悦。我常常对他说："慢慢来，不着急，只要我们人生的斜率是正的，一直在进步就好。"小步前进，真的挺好。

当我和同事分享这几天等录取信的心路历程时，一位同事突然说："我觉得你们家臭蛋的心里像装了根弹簧，能上能下有弹性，不会断。"这个比喻太形象了！我忍不住"偷"来做了这一章的标题。如果孩子的心中都有这么一根弹簧，也许很多孩子就不会跨出跳楼那一步。

学校还在陆续放榜：我们被佐治亚理工学院和密歇根大学安娜堡分校延迟到常规申请轮再决定；被威斯康星大学麦迪逊分校（综合排名第42名）和罗格斯大学（综合排名第62名）录取，专业都是计算机科学。

针对被延迟考虑的佐治亚理工学院和密歇根大学安娜堡分校，臭蛋既没有"得不到的永远在骚动"，也没有轻言放弃。他按照延迟信中的要

妈妈永远「在线」

求，认认真真分别补写了文书。佐治亚理工学院还鼓励但不强制国际生提交第三方面试视频，可在两家相关机构中任选一家。考虑到两家机构都有类似的规定：两次面试之间需要有一段间隔时间，而佐治亚理工学院要求提交视频的时间又近在眼前，于是，臭蛋在两家都报了名，分别进行了面试，想着可以在两个视频中选择一个好些的去提交。但最终的结果是，两次面试的效果都不太理想。我建议臭蛋不要提交，因为提交反而可能给自己减分。

臭蛋接受了我的建议，但情绪上有些受打击。这个时候，对家长来说，最重要的已经不是能不能提交视频，能不能争取到佐治亚理工学院的"转正"通知了，而是怎样维护孩子的自信心，不能因为这两次不理想的面试让孩子留下心理上的阴影，从此认为自己不擅长表达。我开解臭蛋："我们手里已经有三张很不错的录取信了，也就是说，在申请大学这件事上，我们正常发挥了。无论是佐治亚理工学院还是密歇根大学安娜堡分校，能被转正对我们来说都是超常发挥。何谓超常发挥？就是意料之外，属于不可预期的，因而不要抱有执念。美国各所大学都有自己科学的招生体系，录与不录一定都是有道理的。不录取你，说明你和学校的契合度并不高，去了也未必合适。"

但这两次面试还是非常有价值的，因为它"扫描"出臭蛋的短板——需要注意提升自己的表达能力。为什么同样很擅长计算机技术，但中国人和印度人在美国各大科创企业的职场表现却有很明显的差别？原因之一就是中国人往往忽视表达力、沟通力的培养，而表达和沟通的能力直接影响一个人的领导力和团队合作能力。找出自己的弱项不是坏事，是好事，提升表达能力是个技术问题，是可以在专业的学习和锻炼中解决的。我建议臭蛋，利用进入大学前的这最后一个暑假，把提升表达能力作为自己的培训目标。

我和臭蛋分享了木桶定律：一个木桶能装多少水，不是由围成木桶的最长的木板决定的，而是由最短的木板决定的。我们只有不断地加长最短木板（哪块是最短木板是变化的，是变量），才能不断地丰富和完善自己。

人的一生始终处于认识世界和认识自我的过程中：自我评价过低会导致自卑；自我评价过高

则是人生痛苦的来源。认识世界和认识自我都是长期的动态过程，在这一过程中，必须有很强的自我调适能力才能顺利跨过人生一道道坎。对孩子的幸福来说，分数和技能都远不如父母早早地在孩子心里"装"上一根弹簧来得重要。

写完这篇文章后没几天，正是大年初一的早上，天才蒙蒙亮，臭蛋就通过微信给我打语音电话。他很少这么早联系我，我睡眼惺忪中接起电话，偏偏网络有点卡，只断断续续听见臭蛋在不断地说"圣路易斯华盛顿大学"。这是我们第二次捆绑式早申请中选定的学校，申请完之后，我几乎不去想它了，它的综合排名（2021年的排名为第16名）尚在康奈尔大学之上，臭蛋被录取的可能性微乎其微。事实上，在选择第二所捆绑式早申请的学校时，我是反对臭蛋设这么高的目标的。我当时劝他考虑综合排名在第40名左右的学校，比如威廉与玛丽学院。

网络通畅了，我终于听清臭蛋的话："妈妈，我被录取了！我被圣路易斯华盛顿大学录取了！"

"你在开玩笑？你一定是在开玩笑！"我傻傻地说。

结果当然不是臭蛋在开玩笑,"学渣"终于迎来了属于他的春天!

因为是捆绑式早申请,所以我和臭蛋的美国本科申请战役终止于2021年2月12日(大年初一)这一刻,我们终于"上岸"了。回首这一段跌宕起伏的申本过程,我最大的感慨是,一定要信任自己的孩子。

是臭蛋坚持了自己的爱好,一定要申请计算机科学专业,哪怕我这个"怂妈"碎碎念地要他改成数学这种冷门专业,或改成"不定专业";是臭蛋坚持第二次捆绑式早申请依然要选择一个高的目标,没有受我的影响去选择威廉与玛丽学院这样偏文科,并不适合臭蛋的学校。假设当时真选了威廉与玛丽学院,一旦被录,就意味着要放弃威斯康星大学麦迪逊分校和普渡大学这样更适合臭蛋的学校,那岂不要悔青了肠子?而臭蛋最让我佩服的是他在去年放暑假的时候,坚持留在美国,坚持认真学习。

有坚持,善坚持;能放弃,会放弃。心里有根弹簧的孩子,一定会走得更远,走得更好。

第12章

四只同款的圣诞袜和一只不同款的圣诞袜

如此三"好"才并为一"好",才有了臭蛋与寄宿家庭的和谐相处、友爱相处的结果。

虽然文化不同,但我相信,人性是相通的,只要你用一颗真心真诚地与人交往,人与人之间是可以跨越文化上的障碍的。

这份真诚,一定要包含尊重和善意。

2019年的12月,臭蛋跟着寄宿家庭一路开车去看他们的外婆(茱莉亚的妈妈)和奶奶(吉姆的妈妈),并在奶奶家和吉姆的六个兄弟姐妹的家庭一起度过了一个愉快的圣诞节。

2020年的12月,臭蛋再次跟着茱莉亚和吉姆一家人踏上了圣诞之旅。只是因为疫情,这次

妈妈永远「在线」

没法和其他亲戚同游与相聚了。

在度假屋里,臭蛋发给我平安夜的现场照片。其中一张是壁炉前用彩带挂着的五只圣诞袜。两边各两只,是同一款式的;中间那只是特别的款式。臭蛋告诉我,中间那只是他的。袜子里塞满了糖果,他后来把糖果倒在床上,拍照给我看。虽然已经18岁了,他还像小时候一样,一堆糖果就能让他很满足。

四只同款的圣诞袜代表着茱莉亚、吉姆及他们的子女柯文、安妮卡,他们的圣诞袜把代表臭蛋的圣诞袜围在当中,这个位置的摆放富含深意——在快两年的时间里,他们确确实实给了臭蛋一个家,一个安全和温暖的家。

臭蛋还收到了茱莉亚和吉姆送他的圣诞礼物:一条牛仔裤、一件连帽衫和一件格子衬衫(非常"码农")。臭蛋试穿了牛仔裤,当天就穿上了连帽衫,不肯脱下来。他兴奋地跟我说:"妈妈,妈妈,他们连裤子的尺寸都买得正正好!"

还有一份礼物,是一本精心包装的英文科幻小说,上面附着一张小卡片:"To 高,From 戴。"臭蛋跟我说:"瞧,戴妈妈也给我快递礼物了,我马上去谢谢她。"我有个女性朋友在西雅图，平时对臭蛋有颇多照顾，她姓戴。听臭蛋这么说，我也马上在微信上联系朋友，代臭蛋谢谢她。她很快回复我："这次圣诞节，我和老公提前出发去露营了，没有给臭蛋准备礼物，小说不是我送的。"

不是戴妈妈，那会是谁呢？我再看照片里的一个"高"字，一个"戴"字——两个中文字又工整又漂亮，会是谁呢？

第二天，电话里传来臭蛋激动的声音："妈妈，妈妈，'破案'了！是吉姆！"

原来，吉姆给自己取的中文姓是"戴"。为了送这份礼物，他认认真真学写了"高"和"戴"这两个中文字。

我第一时间去向吉姆表示感谢。他告诉我，这是他最喜欢的科幻小说，他曾经和臭蛋聊过这部小说。

温暖的圣诞节，温暖的礼物！

自臭蛋出生后，我一年一个文件夹，存放臭蛋的照片。2019年9月至今的照片，大多是臭蛋在寄宿家庭的生活场景，而这些场景中处处都有茱莉亚和吉姆一家人的影子：臭蛋在制作戏剧道具，锯子、刨子放了一地，吉姆虽然没有出现在镜头里，但正是他在一旁教他使用工具；每周六，是臭蛋和弟弟柯文合作为全家人做饭的日子，一道道饭菜背后站着指导老师——茱莉亚；姐姐安妮卡是家中最"闹"的，假期从大学回来后，她成为臭蛋的网球"搭子"，也会作为学姐，和臭蛋分享自己申请大学的经历；和他们一家人住在一起后，臭蛋学会了滑雪、划船，爱上了徒步；臭蛋在学校的每一次公开活动，他们一家人总是盛装出席，为臭蛋鼓掌，为我拍下臭蛋在舞台上的高光时刻；在提交给目标大学的90秒自我介绍视频的最后，茱莉亚和吉姆全家出现在镜头里，和臭蛋一起向大学"示爱"……臭蛋告诉我，每次他面试或参加学校舞会需要系领带，都是吉姆帮忙系的。吉姆是位在家工作的IT男，他说自己已经很多年不系领带了。

对于这样的一家人，我的心中满是感激。疫情阻隔了我和臭蛋，我总在想，如果没有这么好的一家人，我的心情不知会糟到什么程度。

在遇到茱莉亚和吉姆一家人之前，我和臭蛋都是排斥寄宿家庭的，总觉得住宿舍更自由些。

因为我们听了周围朋友分享的一些令人不安的故事，比如：在很冷的天，要走很长的路，寄宿家庭都不肯接送孩子，让孩子自己坐公交车上下学；对孩子吃的、用的都很苛刻；向学校打孩子的小报告，等等。当然，不能说这些故事是虚构的，因为它们都真实地发生在我周围人的孩子身上，但显然，我们犯了以偏概全的毛病。可能是因为"好事不出门，坏事传千里"吧，寄宿家庭与孩子相处失败的故事，总是更具传播性。

但茱莉亚和吉姆一家人纠正了我的偏见。我的戴姓朋友告诉我的一些情况，也让我对学生与寄宿家庭的关系有了新的思考。我朋友的先生是土生土长的美国白人，是位生物学家，很幽默，很热心。但他再热心，也比不上我这位朋友，她在美国生活多年，帮助照料了不少同胞的孩子。她告诉我，就她所接触、所见到的，不少中国孩子的言行举止是存在一些问题的。她举了一个例子：曾有朋友的女儿在她家住了整整一学期，她每天接送女孩上下学，做中餐给女孩吃。但每次吃完晚饭，女孩就一头扎进自己的房间，关起门来，不是打游戏，就是和妈妈、国内的同学聊天，与她及她的先生几乎零交流，这让她先生感觉很不舒服。她和她先生原本喜欢野营、徒步，女孩住进来之后，每回他们邀请她一起出去玩，她都不感兴趣，都拒绝了。为了照顾她，朋友和先生也只能取消出游计划。母亲节前，女孩破天荒地说要出去逛街。朋友兴冲冲地带着女孩逛了一天，女孩给自己妈妈买了好多礼物寄回去，却没有一份礼物是给她的。母亲节当天，朋友先生的小女儿（前妻所生）特意从另外一个州赶来为朋友庆祝，带来了鲜花和礼物。但即使在这样的氛围里，那个女孩都不晓得跟着一起对我这位朋友说声"母亲节快乐"。臭蛋刚到美国的时候，我这位朋友跟臭蛋说："在美国，母亲节、父亲节是泛指的，你可以对任何一个父亲或母亲说父亲节快乐或母亲节快乐。"臭蛋记住了，每逢父亲节和母亲节，他不仅会拥抱吉姆和茱莉亚，还会送他们小礼物。

一学期结束后，学校为女孩安排了寄宿家庭。我朋友帮女孩整理好被子、衣物，送她过去。那时我正好也在，便陪着一起去了。寄宿家庭是一对有三个孩子的夫妇，两个孩子已经上学了，第三个孩子还在襁褓中，住房也不大，但他们竟然接收了两个来自中国的学生，也就是说，他们一对夫妇要照料五个孩子。

据我观察，愿意接收国际生的美国家庭一般分两种。一种是如吉姆这样的中产家庭，经济条件和住房条件都比较好。接收国际生有时是因为自己的孩子或者成年，或者离家求学，他们希望家里多个孩子热闹些；有时是为了给自己的孩子找个年龄相仿的同伴，尤其是来自不同文化的同伴。吉姆家两者兼有：一方面，臭蛋住进他们家时，正好姐姐安妮卡高中毕业，离家去读大学；另一方面，弟弟柯文和臭蛋是同班同学，吉姆又曾在中国台湾待过两年，对中国文化很有兴趣。此外，也因为学校关闭了宿舍，吉姆出于好意，想帮学校"消化"国际生。还有一种则是看起来经济条件不是很好的家庭，比如这个女孩去的这家。我以"小人之心"度"君子之腹"，可能寄宿生每月2000美元的食宿费，对他们来说是比较重要的收入来源。

很多有送孩子出国留学打算的人，都会问我：你们是怎么找到这么好的寄宿家庭的？我通常会用"三好"来回答这个问题。

第一个"好",自然是吉姆一家非常好。可是没有一起生活之前,如何判断好不好呢?我觉得,接收国际生的不同目的还是很能说明问题的,我自然倾向于第一种家庭,但学校附近愿意接收国际生的家庭是第一种目的的居多,还是第二种目的的居多,其实与选校有一定的关系。很多家庭在选择学校,尤其是选择高中时,更关注排名,而对学校所处的社区环境关注得比较少。当然,凡是好的学校,周边环境大都比较好,居民文化程度和收入水平也会高些。但美国除了那些顶尖的高中,大部分高中,尤其是私立高中(一般情况下,中国人只能就读美国的私立高中),质量其实相差不大,反倒是学校所处社区环境的差异会更大。考察环境需要先从大的范围考虑,比如,可以先选择美国东西部沿海的州,这些州经济比较发达,氛围也比较开放、包容;选定了州,再选郡,看是不是州里经济收入靠前的郡;然后选县、市,最后选社区,看是不是中产社区,周边居民成分是怎样的。其他如家庭结构是否完整,家庭成员有无犯罪记录,等等,学校会做审查,只有符合条件的家庭才能接收国际生寄宿。

第二个"好",是臭蛋的表现非常好。不要说孩子,哪怕是成年人,将近两年时间寄居在别人家,就算是寄居在亲戚家,要保持和睦,不讨人嫌,都是非常困难的。何况,臭蛋要面对的不仅仅是生活习惯上的不同,还有文化上的不同。

那么,臭蛋是如何做到的?

首先,我在前面的章节中说过,要从小培养孩子开放的心态、乐于探索未知的勇气。所以,臭蛋对世界是充满好奇、热忱的。他在学校加入机器人俱乐部和戏剧社,在家里积极参与家庭活动。无论是出游还是一家人一起玩桌游,他都乐在其中;与吉姆家的亲戚相聚或散步遇上邻居时,他都乐于交谈,敞开胸怀去了解别人。他曾经跟我说过:"妈妈,坐别人的车时低头看手机是不礼貌的,要和别人聊天。"之前住宿舍的时候,有一天晚上下大雪,宿舍管理员燃起了壁炉,大家围坐在壁炉边,其他几个孩子马上连线打游戏,只有臭蛋一晚上都在和管理员聊天。他事后和我分享,说平时没有机会,那天晚上的交谈让他对管理员有了更多了解,知道了普通美国人的一些生活情况。这是一个很典型的臭蛋式场景，他小时候就爱听大人聊天，长大了也喜欢面对面的交流和互动。

臭蛋是宿舍中第一个被挑走的孩子，这其实也和他的乐观开朗、积极参与社团活动有关。学校在为孩子寻找寄宿家庭时，会制作孩子的简历，发给愿意接收的家庭，吉姆他们第一眼就挑中了臭蛋。初选之后的某个周末，吉姆还曾带着柯文和臭蛋去一个科技乐园玩了两天。在这个过程中，他确认臭蛋是个好相处的孩子，最终决定接收他。

其次，臭蛋会以积极的心态去承担分配给他的家务活。在培养孩子的生活能力方面，中国父母应该多向美国父母学习。吉姆家是有些规矩的。比如，每周六由臭蛋和柯文一起给全家人做饭，他俩共用的卫生间也要由他们自己打扫。臭蛋不仅自己洗衣服，还在吉姆家完成了人生中第一次换洗被套的工作。换被套的时候，茉莉亚在一旁指导，但绝不插手，不管花多长时间，都必须由臭蛋自己完成。我曾经听一位朋友抱怨，说他们的寄宿家庭竟然要他们家孩子做家务，话语中颇有责怪的意思，就差没说这是虐待孩子了。假如家长抱有这样的想法，会对孩子产生很不好的影响，会让孩子觉得，让他做家务是在欺负他。其实，做家务不仅是培养孩子生活能力和责任心的很好的方式，也是促进孩子和寄宿家庭成员之间情感的很好的机会。家长该做的是从旁引导，让孩子认识到，承担家务是一种责任，一起做家务是这个家庭敞开胸怀接纳你，把你真正当作家庭一员的表示。

家长不仅要鼓励孩子做好分配给自己的家务，更要鼓励孩子积极主动地去做分外事。每次臭蛋和我在微信上聊得久了，我都要提醒他：是不是到晚饭时间了？虽然今天没有轮到你做饭，但你可以早点出房间，去帮茱莉亚摆盘。疫情期间，大家都困在家里，臭蛋也会做吉姆的助手，捣鼓房子的装修。总之，眼睛里要有活，不能把寄宿家庭当成酒店、旅馆。

还有一点，之前也提到过，就是臭蛋懂得感恩。如开篇所说，当茱莉亚和吉姆忘了臭蛋的 18 岁生日时，臭蛋不仅没有抱怨，反而安慰我说，吉姆他们已经为他做了很多，忘了生日没关系。

几乎没有一个孩子会天然地懂得感恩,会天然地用宽容的心去对待别人的失误。当然,吉姆他们忘了臭蛋生日这件事,也不能说是失误,毕竟,不记得是"本分",记得是"情分"。孩子的心态依靠父母的引导,自从臭蛋住进吉姆家,每次他告诉我家里发生的点点滴滴,我都会有意识地夸吉姆一家人这个做得好,那个做得对,时常说,"哎呀,看起来他们真的很喜欢你呢"。这么说得多了、久了,在臭蛋的认识中,这家人对自己很好,他自然也会抱着美好的心态去看待和对待他们,这样就形成了良性的循环。若是家长斤斤计较,处处有戒心,总觉得寄宿家庭没有照顾好自己的孩子,受其影响,孩子的心态也不会好。一旦用戒心替代了感恩,双方的关系就会对立、紧张了。

第三个"好"则要说,在处理和寄宿家庭的关系上,我是用了心的。这份用心的结果某种程度上在臭蛋身上体现了出来。比如,我一直有意识地引导臭蛋用积极的心态与人相处,用善意解读他人的言行。再如,我从小教他注意言行。这些年来,我天南海北地出差,常常在公众场合或飞机、高铁等公共交通工具上，看到无理取闹的孩子大声哭喊，对周围的人造成很大的干扰，一旁的父母却一味放低姿态去哄孩子，毫无原则。在我的记忆中，臭蛋从来没有这样耍赖过。因为我和他一向把规矩说得很清楚，他知道哭闹对我来说是完全无效的，故而从不使用。我们教他公众场合如何低声说话，如何着装整洁地进餐厅，如何与别人交谈，交谈时如何看着对方的眼睛，如何为需要帮助的人提供帮助，如撑住门、提东西等。不是每个孩子都选择出国留学，不是每个出国留学的孩子都选择住寄宿家庭，但每个孩子都需要学会与他人相处，其中包括合适的言行举止，这也是父母应尽的教导责任。

我随时随地远程指导臭蛋与茱莉亚和吉姆一家相处。比如第一个圣诞节，知道臭蛋会见到这家人的外婆和奶奶，我就提醒他要为外婆和奶奶准备礼物。我和他一起在网上选礼物，最后选了两条大红的羊绒围巾，两位老人非常开心。坐在轮椅上的外婆还专门围上围巾，让家人给她拍照。我也会将平日里收集的有意思，特别是有中国风情的文创产品寄给臭蛋，让臭蛋在各种节日里送出去。

　　送礼的重点不在于花多少钱，而在于用心。比如，茱莉亚过生日的时候，我以自己的名义送她礼物——一条款式简洁的蓝色过膝裙。为什么是蓝色的？为什么一定要过膝？我怎么知道茱莉亚喜欢简洁的款式？这都是平时用心观察的结果。首先，从我看到的吉姆家的装饰，还有平时照片上茱莉亚的衣着，我判断她偏爱蓝色，她的肤色非常白，蓝色也会很衬她。其次，茱莉亚身材高挑，人很朴素，所以我猜她一定不会喜欢短裙，而且听说她因为静脉曲张，腿上局部皮肤有疤痕。果然，茱莉亚对这条蓝裙子非常满意。吉姆过生日的时候，我就不出面了，而是躲到幕后，给臭蛋出谋划策选礼物，让他送出去。虽然平时都是我和吉姆联系的，但如果我和吉姆过于亲近或送很亲密的礼物，显然是不合适的。最终，臭蛋送给吉姆的是一双户外鞋，款式很酷。吉姆特别喜欢，因为他就是个喜欢户外运动的人。送衣服、鞋子，最大的问题是尺寸，在这个问题上，大家尽可放心，美国人很坦率，当你想送他礼物而他也愿意接受的时候，他会直接告诉你尺寸。臭蛋就是直接问吉姆要了鞋码,茱莉亚的尺码则是我向吉姆要的。我和他约定要保守秘密,给茱莉亚一个惊喜。

父母不是把孩子送到寄宿家庭后就万事大吉了,如果父母真想做好孩子的"助攻",就应该花些心思去了解美国的文化,包括各种节假日的礼仪,要在美国人特别在意的节日里有所表示。比如圣诞节,在美国人心目中就相当于我们的春节,是非常重视的。礼物不在贵贱,在于心意,重要节日为他们准备礼物,说明你把他们看得很重要,说明你为了他们而去了解他们的文化。礼物一定要送得合适,既不能很笼统,一看就是没有用心挑的大路货,也不能太过亲密,让人感觉有侵犯隐私之嫌。比如在为吉姆一家挑选圣诞礼物的时候,我很喜欢梅西百货官网上那些漂亮的床上用品,但忍住了购买的冲动,略过不看。国人收到一套床上用品也许会很开心,但文化不同,我担心吉姆一家会觉得我侵入了他们的私人领域。最终,我挑选了一套精致的英式下午茶茶具。除了合用的盛放糕点的三层盘架,我为家中每个成员,甚至包括姐姐安妮卡的男朋友,挑选了不同款式的茶杯，有适合男性的蓝色和适合女性的红色，红色还分了适合年长女性的紫红色和适合年轻女性的粉红色。

说到挑选礼物，插句题外话。第一次送臭蛋去学校的时候，校长带着我们一家参观校园。在参观学校图书馆的时候，我拿出了一份早已准备好的礼物——《汤显祖戏剧全集》英文版。这本书的封面是用牛皮纸做的，收录了汤显祖最经典的《牡丹亭》、"玉茗堂四梦"及《紫箫记》，由翻译名家汪榕培教授翻译。我把书郑重地递给图书管理员，告诉她，这是中国的"莎士比亚"的作品，希望能放在图书馆，让孩子们有机会阅读。参观完学校，回到校长办公室之后，我又拿出了第二份礼物——我的一位前辈创作的水彩画《上海街景》，画的是邬达克故居。我告诉校长，邬达克如何在战乱中来到上海，如何在上海成长为名建筑师，为上海留下数十处历史建筑。两份礼物都是送给学校的，而不是送给校长或老师的；一份展现了中国文化，一份介绍了上海这座包容、多元的城市。两份礼物既合规又得体，不会让校长为难，不给她造成负担。

当然，维系好的关系不能仅靠送礼，而是要发自内心地尊重对方，相信同为父母，寄宿家庭的爸爸妈妈也会照顾、爱护你的孩子。吉姆一家要带着臭蛋去滑雪，当吉姆征求我同意的时候，我毫不犹豫地说好，表现出对他们的充分的信任。

我也会时时向吉姆一家表达我的谢意。中国人普遍比较含蓄，"爱"字不那么容易说出口，但我真的非常感动于吉姆一家对臭蛋的爱护，我会选择说出来。

如此三"好"才并为一"好"，才有了臭蛋与寄宿家庭的和谐相处、友爱相处的结果。

虽然文化不同，但我相信，人性是相通的，只要你用一颗真心真诚地与人交往，人与人之间是可以跨越文化上的障碍的。

这份真诚，一定要包含尊重和善意。

第13章

真的做个"普通人"就可以了吗?

我能像清华副教授那样,接受臭蛋是个普通孩子的现实,也能接受他将成长为一个普通人的未来,但我不接受"佛系育儿法",更不会接受这位副教授所说的"懒汉对社会也有贡献"的观点,因为我不接受一个不努力的孩子。

今天的孩子越来越聪明,越来越能干,竞争自然也越来越激烈。如果父母真的想让孩子有美好的明天,就一定要有智慧和远见,要在充分了解自己孩子的才能、兴趣的前提下,帮助他选择一条"剑走偏锋"的路。

只要话题与教育相关,就很容易成为社会热点。就在我埋头写这些故事的时候,清华大学一位副教授的一场关于教育的演讲,又一次触动无数人的神经。

清华副教授的演讲题目是《不确定的时代,教育的价值》,这个题目比较端庄、学术,但网上传播她的演讲内容的时候,大都用了另一个标题《清华副教授某某:我的女儿正势不可挡地成为一个普通人》。"清华副教授"与"普通人"之间形成强烈的反差,再加上"势不可挡"所带来的震天撼地的画面感,文章很难不成为爆款。

其实,清华副教授只是以一位家长的视角,讨论了今天中国社会普遍存在的教育焦虑和成功焦虑,对"踩踏式竞争"表达了自己的担忧,并表明自己作为家长的态度:放下"更高、更快、更多"的竞赛执念,让孩子从"奋力成为普通人"开始,去勇敢试错,去找到真正适合自己的,以获得一种自由。

但是,清华副教授的观点招致很多批评,比较集中的意见是:她和她先生都是清华大学的教师,他们的孩子可以上清华大学的附属幼儿园、附小、附中,这些都已经不是普通孩子可以轻松获得的机会,其言论颇有"凡尔赛文学"之嫌。

还有更激烈的观点：不要相信一些高级知识分子的心灵鸡汤，他们劝你看开，不是真的让你看开，是让你认命！

仔细咂摸这些反对意见，你能感觉到，在这些话语中，情绪已经占了上风，这位副教授已经成了很多人表达对阶层固化的愤怒与不满的宣泄口。所以，教育问题从来不只是教育的问题，还是社会问题的体现。

但在这里，我只想回归这位副教授的演讲本身，就教育来说教育。

这位副教授将当下由教育焦虑引发的激烈竞争称为教育的"军备竞赛"。她说：教育"军备竞赛"正在让所有人疲惫不堪，带来了诸多恶果——对无数职业女性的伤害，让妈妈们不得不放弃自己的事业；对家庭关系的伤害，也就是人们常常自嘲的"不谈功课，母慈子孝；一谈功课，鸡飞狗跳"；对教育公平的伤害，因为"军备竞赛"比拼的，说到底，还是父母的资源。

搞"军备竞赛"的后果大家都知道，再大的国家也能被搞垮。所以，用"军备竞赛"来比喻这种教育上的竞争，其实已经对竞赛的性质和结果下了定论。但这个定论是否有有待商榷之处？

我有位教授朋友，和众多普通家长一样，他也有育儿焦虑。他说，教育就像去电影院看电影，本来大家看得好好的，可偏偏有人要站起来看，于是大家都站了起来。站起来还不够，有人又踮起了脚尖，最后还有人站到了座椅上。最终，整个电影院乱套了。

他这个比喻一开始很打动我，但仔细想想，又觉得哪里不对劲。有两个问题：第一，电影院的座位都是剧院式的，如果大家都好好坐着，前排是不会挡着后排的，但座位有好有坏，谁来决定谁该坐什么位置？第二，前排观影者坐着也能够看到屏幕，他们为什么要站起来？相对而言，后排观影者更有站起来的动力。他们不仅要站起来，最好还能挤到前面来，最好还能和前排观众换位置，这才引发了"混乱"。

这样的"混乱"好不好？虽然用"混乱"一词很容易让大家感到不安，但一个社会到底是"死水一潭"好，还是有一些这样的"混乱"好？如果没有"后排"的企业站起来，挤掉"前排"企业的位置，市场如何实现优胜劣汰？产业如何升级换代？经济能有活力吗？如果没有后来者向前行者发起挑战，我们的科学技术会持续发展吗？人类社会会持续进步吗？"混乱"中有欲望、激情、勇气和创造。没有这样的竞争的话，就像我前面所说的，谁来分配座位？哪些人，又凭什么，可以一直舒舒服服地坐前排位置？大众之所以怼清华副教授，多半是从这个角度出发的。他们不认为其女儿真如她所说，是个普通孩子，因为孩子的家庭出身已经让她占据了前排位置。这个时候，孩子的母亲还对着后排喊"大家各就各位，不要挤"，自然就招骂了。

既然大家都在慨叹"寒门再难出贵子"，越来越感受到阶层固化所带来的社会活力的缺失，那我们就应该欢迎这样的"混乱"。这是社会有机体的生命活力，如果没有了这样的生命活力，我们的世界便真如科幻小说《北京折叠》里所描述的，各阶层之间不仅泾渭分明，连时间、空间都是分配好且彼此隔离的。说到《北京折叠》，针对清华副教授的演讲，这部小说的作者也在自己的公号上发表了一篇响应文章，标题是《内卷、凡尔赛、"普通孩子"——你没看清的是什么》。文章完美展现了这位理科高才生作家的严谨与科学，引用大量数据，论证优秀孩子所占比例是非常低的，进而呼吁大家要"甘于"培养能把蛋糕做大的"普通孩子"。可是，能把蛋糕做大的"普通孩子"更不普通啊，举国上下喊了那么多年的创新，真正能实现"从0到1"的创新，能不去抢蛋糕而是把蛋糕做大，甚至创造出一个新蛋糕的人，屈指可数。这样的"普通"岂是真的普通？

所以，我能像清华副教授那样，接受臭蛋是个普通孩子的现实，也能接受他将成长为一个普通人的未来，但我不接受"佛系育儿法"，更不会接受这位副教授所说的"懒汉对社会也有贡献"的观点，因为我不接受一个不努力的孩子。

我能接受"普通孩子"的观点是因为，普通孩子对应的是天才儿童。我在前文中说过，天才是少之又少的。关于这点，我这个没学过概率学的文科女，也是非常清楚、明白的。其次，与孤僻、偏执或许还自闭的天才儿童比起来，我更愿意我的臭蛋是身心健康的普通孩子。

但是，做普通孩子不等于放弃努力。事实上，从古至今，这个世界上的优秀人物大多是普通人，就智商而言，是和我们差不多的，但他们努力的程度一定超过我们绝大多数人。

不仅是努力，还有那种抗压、抗挫折的能力。因为臭蛋打网球，我对网球比赛、网球明星也有所了解。塞尔维亚的德约科维奇（俗称"小德"）和英国的穆雷年龄相近，差不多时间出道，他们从11岁开始有很长一段时间还是一起受训的。时至今日，在全球四大网球赛事上已经很少看到穆雷的身影，而小德依然风光无限。两人的技术水准相差不大，但从小德和穆雷对阵的几场比赛中可以明显看出，穆雷的心理素质远不如小德。他扛不住压力，很容易崩溃。而小德，哪怕球赛胶着数小时之久，依然稳得住，有一股永不言弃的精神。我和臭蛋都读过小德的传记，他的这种强大的心理是从小练出来的，毫不夸张地说，他最初几年是在炮火中练球的。

我对臭蛋的要求不是成为天才，天才也是无法"成为"的，而是成为一个努力的人。当他在钢琴方面没有表现出天分和兴趣时，我与他放弃了；但当他显露出对机器人的浓厚兴趣时，我对他一直唠叨的是：如果真喜欢，就要拿出行动来。

真爱不是嘴上说说就行的,而是要为之沉迷,为之奋斗,为之付出。臭蛋对机器人的爱,算是经得起考验的。

如果臭蛋喜欢的不是机器人,而是烤面包,只要他能用行动来证明这是他的真爱,我也会支持他。我想,大家在孩子普通不普通的问题上如此纠结,其中一个原因就是:一般会认为,弹钢琴、摆弄机器人是不普通的,烤面包是普通的。但我认为,弹钢琴和烤面包都可以做到不普通;你可以选择弹钢琴,也可以选择烤面包,但无论做什么,都一定要认真、努力。

我这么说不是唱高调,而是非常现实,甚至可以说是非常功利地在考量如何让孩子做一个"不普通"的普通人。正如清华副教授所说,光一个北京城,就有数百万孩子在学弹钢琴,其中能出几个郎朗?何必让自己的孩子在他不擅长的领域痛苦地陪跑?如果孩子能把面包烤到最好,为何不让他去烤呢?每一种技能一旦达到出神入化的境界,都是可以有所作为的。

总之,我接受孩子选择一个看起来很普通的方向去发展,只是要求孩子在这个看似普通的方

第 13 章 真的做个「普通人」就可以了吗?

向上努力做到最好，而不是真的放弃努力，去做个无所事事的普通人。问题在于，如何让孩子的才能、兴趣与他的努力保持在同一个方向上，这样，孩子可以努力但享受地去做他有潜力做得好的事，而不是明明不擅长，只是因为看起来很高大上，满足了家长的虚荣心，或者因为大家都在做这件事，而被逼朝某个方向发展。这么做的结果，如清华副教授所说，最受伤害的将是孩子。当下，青少年患抑郁症、焦虑症的现象很普遍，自杀的低龄化趋势明显，据说每5位中学生中就有1位曾经考虑过自杀。做家长的千万不要在孩子跳楼之后，才体会到欲求一个普通孩子而不得的痛苦。

今天的孩子越来越聪明，越来越能干，竞争自然也越来越激烈。如果父母真的想让孩子有美好的明天，就一定要有智慧和远见，要在充分了解自己孩子的才能、兴趣的前提下，帮助他选择一条"剑走偏锋"的路。

我有个朋友，她女儿从小学画画，画得还不错，但很难说才华横溢。在申请大学、选择专业前，朋友来咨询我。我当时正好接触到上海油画雕塑院油画修复工作室的两位专家。两位专家都快要退休了，他们告诉我，不仅是整个油画雕塑院，就是整个上海，油画修复都是后继无人；在全中国范围内也找不出几个能修复油画并修复得好的人。这两位专家当年之所以学习油画修复，也纯属偶然。20世纪90年代，刘海粟美术馆接收了一批刘海粟先生生前捐赠的作品，但这批作品一方面因为油彩质量不好，另一方面因为"文革"期间"东躲西藏"而未能妥善保管，以致损毁严重。大部分作品的颜色都变灰暗了，一部分作品的画面还龟裂了。刘海粟美术馆的工作人员只好把这些受损油画小心地用牛皮纸包好，存放在库房里，然后满世界寻找能够修复的人。最终从卢浮宫找到了专业修复师，但费用高得惊人，修复师从离开法国来中国的那一刻开始，按小时向刘海粟美术馆收费。油画修复是件耗时、费力的事，这么高的收费，美术馆承受不了，也不是长久之计。于是，上海为了抢救刘海粟的这批油画，决定作为抢救文化遗产项目，政府拨款从美国引进专业修复设备，让上海油画雕塑院来开设油画修复工作室，两位专家就这样半路出家研习起油画修复。他们前后修复了约100幅油画，花了足足5年多的时光。两位老师告诉我，油画修复专业人才紧缺，自身会画画的人如果学习修复，就更有优势，就业前景十分看好。在我看来，那么多孩子学绘画，能够成名成家的少之又少，为何不让学过画画的孩子去学修复呢？掌握一门冷门技艺，难道不比在拥挤的赛道上被裹挟着继续跑下去好吗？

我曾和斯坦福大学商学院讲师埃米·威尔金森聊天，她为了写作《创新者的密码》一书，耗时5年，做了数百次访谈，从SpaceX、Airbnb、Under Armour、Yelp、Zipcar、Yammer、InSTEDD等公司创始人身上，寻找创新密码。当我问她最大的心得是什么时，她把200位创新企业家的经验浓缩成一句话：做唯一的那个（Be the only one）。

可是，我的朋友最终没有听取我的建议，还是让女儿选了流行的设计专业。

说到现在，我其实已经在说努力的方向和方法问题了。在清华副教授的文章里，提到了当下教育"军备竞赛"的两大策略：学历越高越好，技能越多越好。她对两大策略都持反对态度，认为学历越来越高，技能越学越多，造成了无限的恶性竞争。在这样的恶性竞争里成长的孩子，很容易长成一个"空心人"——虽然习得了十八般武艺，但完全不知道到底该做什么。

关于学历问题，我在前面章节里也曾谈到，我对臭蛋的最低学位要求是硕士，拿不拿博士学位则由他自己决定。为什么要求他至少拿到硕士学位？因为现在大学本科教育已经进入大众化阶段，我不急于要臭蛋工作挣钱，更愿意他拥有足够的从容，在大学校园中寻找自己感兴趣的东西，结交志同道合的朋友。我希望他的本科生涯是在享受求知的乐趣中度过的，希望大学给他的是通识教育，而不是技能培训。但我为什么不要求他一定读博士呢？因为我觉得不是谁都有能力读博士的，没有读博士的能力而非要去读博士，那是为难孩子。

清华副教授的文章里提到了前段时间自杀身亡的大连理工大学的研究生。这位研究生在遗书中说明了自己自杀的原因：因为做实验失败，觉得自己是个废物。清华副教授质问：为什么他宁愿自杀，也不愿选择退学、休学？我大胆猜测其言外之意是：也许是父母顾虑面子，不允许他退学、休学；或者因为父母一贯的立场和教育态度，使得这个学生连退学、休学的念头都没有，更别提有勇气向父母提出了。但我认为，这里的问题不是学历问题，而是这个学生处理危机的能力以及他和父母的沟通模式出现了问题。事件背后有太多我们未能了解的情况。比如，这个学生所读专业是否是他所爱与所擅长的？如果不是，当初是如何选专业的？有没有想过转专业？他之前可曾遇到过挫折，他对待挫折的经验是怎样的？在他情绪出现危机的时候，他自己意识到了吗？可曾向父母、师长、同学或专业机构求助过？等等。总之，情况复杂，一笔账不能都算在家长对高学历的执念上。

巧的是，如今被认为是通才、奇才的美国学者贾雷德·戴蒙德，曾在《剧变》一书中披露自己曾遭遇的一次严重的个人危机。戴蒙德在波士顿长大，父亲是哈佛大学的教授，母亲是语言学家、钢琴家和教师。戴蒙德从小优秀，受投身于医学的父亲的影响，再加上愉快、顺利的本科阶段，他决定往生理学实验科学方向发展。1958年，21岁的戴蒙德进入当时生理学专业排名数一数二的英国剑桥大学攻读硕士。但他很快发现，剑桥大学的学业很难。他的导师是位出色的生理学家，正准备研究电鳗中电流的产生。导师让戴蒙德设计实验所需的设备，可是他根本不知道如何设计一个研究电鳗细胞膜的容器，更不用说还包括电力这么复杂的东西。导师发现他无法胜任这一工作后，把他转到一个独立的实验室，让他自己想个研究项目。戴蒙德努力寻找一个适合自己的菜鸟级项目，但哪怕是这样的项目，他也没有做成功。怎么办？戴德蒙人生中第一次对自己是否要继续从事科研产生了怀疑。他想退学，转为做翻译。当他和父母坐在一起长谈时，他的父亲既没有对他施压，也没有支持他退学，而是建议他再给自己一次机会，回到剑桥大学再读半年，半年后再决定是继续做科研还是退学去做翻译。后面的故事大家都了解了，如果没有这半年，今天就不会有戴蒙德这位优秀的生理学教授了，他之后还在地理、历史、生物等学科领域颇有建树。

社会进步的成果之一就是让更多人可以接受

更高的教育;一个家庭但凡条件允许,总希望自己的孩子接受更高、更好的教育。我不认为追求高学历有什么错,前提是孩子在学自己真正想学的东西。清华副教授的文章里提到了硅谷投资家彼得·蒂尔,他是现象级图书《从0到1》的作者,提倡突破式创新。我和这位创投家有过接触,当我问他"'从0到1'的创新到底在哪里"时,他回答我:"肯定不在这本书里。如果我有一个这么棒的点子,我就不会写进书里,让大家都知道了。"这就是现实,创新不是一件容易的事。当《北京折叠》的作者说她"更关心孩子有没有给世界创造机会的能力"时,我真的要说,这不是在给孩子减负,而是对孩子提出了更高的要求。

蒂尔是个特立独行的人,有很多特立独行的行为,但他最引发争议的行为可能就是创立"20 Under 20"基金了。这个基金每年在全美选出20个20岁以下的青年,给他们每人20万美元,在两年时间里支持他们辍学创业。蒂尔认为,美国高等教育是比互联网泡沫更多的地方。他把大学管理者比作次贷经纪人,把负债累累的大学生称作发达国家的最后一批受契约束缚的工人,即使宣布破产也无法获得自由。受这个基金资助的人中有以太坊的创始人维塔利克·布特林等，但从未见媒体报道基金成立以来，那些接受资助但最后没有创业成功的辍学者后来怎么样。哪怕是从全美甄选出来的最聪明、最富创新精神的年轻人，创新成功的概率也是微乎其微的。所以，我认为，在一个人求知欲最旺盛的时候，尽可能多读书、多接受教育总是好的，可以让他更有发展后劲。而且，为什么要把上学和创新对立起来呢？大学是思想、信息的激荡与交汇之处，也许更能激发创新灵感？

蒂尔也是威尔金森的采访对象。在与威尔金森聊天时，我问她对"20 Under 20"基金的看法。她是这么回答我的："不管怎样，蒂尔自己完成了学业——不仅完成了本科学业，而且完成了斯坦福法学院的博士学业。"这就很有意思了。

至于技能越多越好，我想说，这倒真的是父母的一个毫无策略和章法的糊涂打法，除了把孩子逼到崩溃的边缘，实无一点好处。只要对人工智能的发展稍有了解，就不难发现，许多工作在看得见的未来都将被取代。这其中就包括写代码，即码农的工作。但不会被取代的是设计算法的人，是建立模型的人。因为这些工作依靠的不是技能，是逻辑，是思想，是对人性的深入理解。我支持学历越高越好，反对技能越多越好，两者看似矛盾，实则不然。学历越高越好，是让你学到更多的跨界知识，培养更宽广的视野、更独立的思辨能力，发展更强大的解决问题的能力。而技能是工具性的，好比傻瓜相机的出现让照相店的摄影技师的岗位不复存在，但好的摄影师在今天依然可遇不可求，所以技能不重要，它可以被机器取代，无法被取代的是机器背后的脑袋。学习是为了拥有一颗不会被机器取代的脑袋，学习是为了习得一种学习的能力。

最后想说，想要通过接受"普通"来消灭这场教育"军备竞赛"，几乎是不可能的，也未必是有益社会的。也许更实际的行动是呼吁大家好好想想竞赛的目标和方向，如何从恶性竞争走向良性竞争，让每一个普通孩子都变得不普通。

第14章

"错题"更有价值

很多人走出了原生家庭的负面影响,努力做自己,努力做最好的自己。也就是说,他们都认识到了"错题"的价值。无论这个"错题"是上一代制造的,还是过去的自己制造的,我们都可以从中吸取教训,在养育孩子这条路上一点点地摸索,一点点地前进。

我没能做到最好,但我相信,臭蛋将来可以成为比我好的家长,因为我的努力在为他的成长垫上一块砖。

谢谢你有耐心读到这里,这是本书的最后一章。我会做一个聪明人,在你失去耐心之前结束这本书。

一路读到这里,我猜想,有个疑问可能已经伴随你很久了,你大概很想当面质问我:在当妈这件事上,难道你是天才?辅导孩子功课时,难道你一次都没体验过血往脑门冲的"酸爽"劲儿?你的孩子青春期就这么乖,从来没有把你呛到"怒从心头起,恶向胆边生"?或者你又在想,是不是我有个好妈妈可供我学习,所以我似乎没在育儿这件事上犯很多常见的错误?

让我一个个问题回答吧,借此也好好地梳理自己作为一位母亲的成长之路,作为这本书的终章。

第一个问题:我自己是在怎样的环境中成长的?我的母亲给了我怎样的影响?

很遗憾,我和母亲的关系并不亲密,甚至可以说相当疏远,尽管我们住在同一个屋檐下。或许,我和她的问题正是源于住在了同一个屋檐下。因此,未来臭蛋成家后,我是决计不会和他住在一起的。

每个人的记忆都是有偏差的。

我几乎可以肯定,在母亲的记忆里,是她一个人在品尝养育两个女儿——我和我妹妹的辛苦和心酸。我们姐妹俩上学之前都是跟着母亲上下班的，那时母亲已经不做乡村教师了，而是返回小镇，顶替我的外公进了工厂。母女三人同进同出，母亲因此被单位的人戏称"秦香莲"。不同的是，我的父亲没有抛妻弃子，但他既不善言辞，也不善家务，更不会挣钱。家庭的重担基本都落在母亲身上，家庭教育中"父亲"的角色是缺失的。我小时候的"百草园"是母亲工作间后面的一块荒草地。有一次，我和妹妹玩耍的时候，来了一只大白鹅。大白鹅坚持不懈地追我、啄我，我哭着跑啊跑，跑丢了一只凉鞋。

在母亲的记忆里，我之所以读书一路像"开了挂"似的，都是因为她的付出。在我读小学的6年里（那时小学是要读6年的），母亲白天当工人，晚上则回归乡村教师的角色，在灯下辅导我的功课。小学低年级的时候，母亲辅导得确实很多，尤其是在我参加数学应用题竞赛的时候——很多人可能不知道，在奥数流行之前，曾风靡过应用题竞赛——母亲会和我一起分析题意，在草稿纸上画啊算啊，我俩试图用有限的数学知识去破解那些奇奇怪怪的问题。比如，小明总是不好好上学，总要在上学路上来回折返，目的似乎就是要把我搞得晕头转向；再比如，老师总喜欢给我一堆硬币和一个总金额，让我去算1分、2分、5分和1角的硬币分别有多少个。今天想起来，很不明白这些应用题的意义是什么，而它竟然名曰"应用"！现在大家连纸币都不太用了，更别提硬币了，我却曾用大把的童年时光计算那些硬币！

在我升入中学之后，母亲在学业上很难再辅导我了，好在我已经养成了好的学习习惯，预习、复习什么的自己都能做得很好。我似乎在学习上不曾碰到大的困难，虽然成绩总是年级前三名，而非第一名，但在数理化学科竞赛及中英文写作等活动中一直"唯我独尊"。这既要感谢母亲从一开始就非常重视对我的教育，也要感谢在我成长的那个年代，没有铺天盖地的辅导班，没有千奇百怪的才艺培训，任由我到处找杂书来读，任由我对知识始终保持一种饥渴而非厌烦的状态。

中学之后，母亲更多的是在思想上指导我。母亲最自得的应该是这两个阶段：第一个阶段是我从小镇的初中考到上海交通大学附属高中之后。

一开始自己未免有些落差，以致有些沮丧起来，毕竟交大附中名列上海滩"四大名校"，同学都是来自各个区县的佼佼者，非我原先的乡镇初中可比。于是，母亲常常写信来，给了我很多的鼓励。第二个阶段是我考入复旦大学之后，第一年去南昌陆军学院接受为期一年的军训。母亲来信跟我谈了很多关于未来的设想，具体内容我已经记不得了，但当时一定是备受鼓舞的。母亲认为自己从学习、生活、思想上都给予我正确的指导，因而她的教育是成功的。

有关我的成长，有关母亲对我的教育及母亲的记忆大抵是上面这些，接下来谈谈我的记忆。

记忆中有一次，我和母亲都在读《天龙八部》这部武侠小说。我读得比母亲快，读完其中一本就把它借给了一个同学。等母亲要读时，发现书不在家里，她便怒了，要求我立刻去同学家把书拿回来。我去了，但感觉自己很丢脸，失信于同学。

还有一次，母亲偷看了我的日记，大发雷霆。因为我在日记里写下对她的不满，也写下自己对一个男生的朦胧的爱意。母亲让我跪在地上，她的大声责骂引来了邻居。我很感激邻居前来相劝，但同时又有深深的耻辱感。

记忆中的母亲还常常做出伤害自己的事，她用伤害自己的方式来惩罚我和妹妹。每当这时，我总是特别惶恐，在心里乞求奇迹发生，让母亲快点停止这样的举动。

每过一段时间，母亲会告诉我某个人如何恶劣，如何对不起我们。于是，我便也在我的心底使出吃奶的力气去恨那个人。而很长一段时间里，这个最让我恨的人是我的父亲。

就说这些吧，因为它们已经足以说明，我并不能从母亲身上学到做一个好妈妈的全部知识。

母亲的记忆是真实的，我的记忆也是真实的；母亲在我身上投注的心血和疼爱是真实的，我从母亲那里受到的伤害也是真实的。

如果一定要问我，我从母亲身上学到了什么，我的回答是：学到了如何不做她那样的母亲。

我有一个闺蜜，她的母亲经历了十分精彩的一生：20世纪80年代从商，巨富，又巨亏，然后躲债，出国……总之，人生跌宕起伏，因而无暇顾及女儿，任由她自生自灭。但我的闺蜜很要强，读了大学，进了外企，如今与别人联合创立了很大规模、发展得很好的企业。她给予自己的女儿十分富足的生活，在女儿13岁那年送她入读国外一所贵族学校。贵族学校孤悬半山腰，条件是顶级的，孤独也是顶级的。女孩刚去不久，曾半夜痛哭。老师联系我闺蜜，闺蜜只生硬地甩给女儿两个选择：要么回来，要么好好地待下去。女孩明白，母亲虽然给了两条路，其实只有一条路可选：对母亲来说，回来就等于失败，而母亲的词典里是不允许失败存在的。女孩最终没有回国，而是活成了母亲期待的样子：作为优秀毕业生代表，在毕业典礼上致辞。但女孩一度陷入抑郁，所幸最终走了出来。在女孩陷入抑郁，很排斥母亲的时候，闺蜜痛苦而不解地问我："我妈什么都不管我，我不照样活得好好的？我可以，为什么我女儿不可以？她为什么这么脆弱？"

闺蜜复制了她的母亲的养育方式。曾有研究发现，很多人在自己小的时候不满父母的教养方式，但在自己成为父母之后，又不自觉地重复父母的做法。我绝不想这样。我没有责怪我的母亲的意思，在她的年代，在她的认知水平上，她已经做到了她所认为的、她能够达到的最好,但既然年代不同了,社会进步了,我的认知水平高于她,我为什么不能做一个比她更好的母亲?

没有谁生来就会做妈妈,谁都会在"妈妈"这张试卷上写下错误的答案。但正如我在辅导臭蛋功课时所说的,错题更有价值,因为错题为我们指明了正确的方向。如果说我的母亲在"妈妈"这场考试中得了60分、70分,那我为什么不去争取80分、90分?她养育我的最大期望难道不是让我变得比她好吗?

从代际的角度来说确实如此,从昨日之我和今日之我的角度来说也是如此。我要胜过我的母亲,今日的我也要不断胜过昨日的我。这就是我回答的第二个问题:我不是从一开始就是个好妈妈的。与臭蛋是从"学渣"起步一样,我是从"坏妈妈"开始上路的。

刚开始做母亲的时候,我有过情绪不稳定的时刻,时常在自己儿子是个天才和恨铁不成钢之间来回撕扯自己。我也有过不尊重孩子的举动,有一次为了制止臭蛋无节制地吃糖,竟当着外人的面,一把夺过他手里的糖,扔出窗外。现在每

第十四章　「错题」更有价值

次回想起这个场景，我的心就会揪紧，不明白当时自己怎么会如此失控，如此不顾及孩子的颜面。而我回忆这个场景的时候，会和我自己跪在母亲、邻居面前的场景混杂在一起。我想，我当时的举动其实是在无意识地复制母亲的行为。我也曾不断在臭蛋面前表扬他的同桌，直到有一天，臭蛋和同桌发生了激烈的冲突，我突然明白了，这是臭蛋在发泄对"别人家孩子"的怨恨，而怨恨的种子正是我亲手种下的。

我能聊以自慰的是，我是个善于自省、比较有觉悟的人。我既决意不重复母亲的教养方式，也能不断检讨自己的言行，一方面去剖析自己言行背后的心理问题，一方面去细心观察我的言行在臭蛋身上引发的反应，从而不断纠偏。

我很认同哲学家、心理学家艾里希·弗洛姆所说的，"爱是一门艺术吗？回答是肯定的。因此，它需要知识和努力"。在其经典之作《爱的艺术》中，弗洛姆认为，爱情不是一种与人的成熟程度无关，只需要投入身心的感情。如果不努力发展自己的全部人格并以此具有一种创造倾向性，那么每种爱的尝试都会失败；如果没有爱他人的能力，如果不能真正谦恭、勇敢、真诚和有纪律地爱他人，人们在自己的爱情生活中就永远得不到满足。弗洛姆进而提出，爱是一门艺术，要求想要掌握这门艺术的人有这方面的知识并付出努力。

弗洛姆所说的爱不仅仅是狭隘的男女之爱，爱孩子同样需要学习。我会读一些相关的书，了解相关的理论，但这并非学习。真正的学习是，读了之后、了解之后，如何判断、决定吸取和借鉴哪些部分，更进一步的要求是，如何从中生发出自己的见识。现在很多父母为了更好地养育孩子，也会去读育儿书籍，也会去了解流行的育儿理论，可随之而来的一个严重的问题是：一些人机械地、不加辨识地、一股脑儿地接受他所读到、听到的。这是很危险的。记得去年4月，曾发生这样一起悲剧：妈妈迷信所谓的宝宝睡眠理论，训练3个月大的婴儿趴着睡，导致婴儿哭闹后窒息身亡。我身边也真的有朋友让孩子中断正常的学业，把孩子送入"赫赫有名"的"华夏学宫"。在这所所谓的弘扬国学，实则无教育资质的学校中，在一年多时间里，孩子的身心都遭受创伤。

回归正常的教育环境后,孩子在恢复身心的同时,还得追赶落下的功课。

那么,判断、选择的依据是什么?是爱。

爱是尊重,是充分意识到孩子离开母体之后是完全独立的个体,是有自己情感的个体。孩子不是一张白纸,随便父母勾画;不是一棵小树,可以被父母修剪成盆景。

哪怕再成功的学者,如果不尊重孩子,一样会是失败的家长。最典型的例子便是美国行为主义心理学创始人约翰·华生。他在1924年出版的经典专著中写道:"给我一打健全的婴儿和能够用于培养他们的特殊环境,我就能保证,把随机选出的任何一名婴儿训练成任何类型的特殊人物,包括医生、律师、艺术家和商界领袖,或乞丐、小偷,而无须考虑他的天赋、爱好、倾向、能力、职业和种族。"

信奉华生理论的人有很多,无论是在美国还是在中国,无论是在华生的时代还是在今天的时代,但这样的话在我听来非但不诱人,反而让人感到冷血和恐怖。他在1928年出版的《婴儿和儿童的心理学关怀》一书中,进一步深化了他的理论，提出了一种以行为主义为根基的儿童养育体系，把孩子当作可以被机械训练的对象，用各种方法避免孩子对父母有太多的依赖，努力让孩子更加独立自主，让父母省心和轻松。华生认为，孩子需要尊重，但不需要更多的感情交流；孩子可以被训练、被培育，可以通过互动矫正行为，最终达到不依赖父母的目的。我觉得，虽然他承认"孩子需要尊重"，但他完全不尊重孩子。如果真的尊重孩子，就一定会尊重孩子的情感需求。

华生的"哭声免疫法""完整睡眠训练法"等，被一些育儿机构引入中国后，被简单演绎成孩子要从小就和父母分房睡，孩子哭的时候不要抱，等等。特别具有讽刺意味的是，这位行为主义心理学家、美国心理学会的前主席，在生活中坚定地执行自己的育儿理念后，培养出三个患抑郁症的子女。其中最严重的是他和前妻所生的大儿子雷纳，成年后屡次尝试自杀，情感极其匮乏。后来雷纳摒弃了父亲的行为主义，在精神分析领域学习和探索，尝试着解决自己的问题。可惜，精神分析也无法解决他的痛苦，他最终在30多岁的时候自杀，成为行为主义育儿法的最直接的受害者。雷纳曾经在日记中写道:"我追溯了从前的自己,从婴儿到童年,我发现我成长的过程是冰冷的、机械的,缺少正常人生活中的色彩,这或许是我人生痛苦的源头。……我的父亲在教育中剥夺了我和弟弟妹妹的所有感情基础,或许他也没有意识到吧。"

可恶的是,引进华生育儿理念和方法体系的中国育儿机构是不会"引进"华生自己的育儿故事的。我们当然不能指望逐利的机构会良心发现,但作为父母,在养育孩子的问题上,如果能够始终紧握"爱"这把尺子,是可以辨别出哪些是伪科学,哪些是打着爱的名义的伤害的。

现实中有很多人,虽然没有用华生的育儿方法,践行的却是华生的育儿理念。比如,有的父母忙于工作,认为给孩子报各种昂贵的培训班就是好的养育;有的父母从孩子小的时候就开始用与金钱挂钩的方式来鼓励和惩罚孩子;有的父母名义上是在陪孩子,手里却玩着手机,或者心里惦记着工作,对孩子的提问敷衍了事……只管吃喝、只问学习背后的逻辑,都与真正的爱和尊重相背离。

曾有人深入研究华生自己的成长背景，发现1878年出生于美国南卡罗来纳州一个偏僻山村的华生，也有痛苦的童年：父亲非常暴躁，母亲则用严格的教规来要求他。在华生13岁的时候，父亲抛妻弃子，母亲带着华生搬到一个小镇居住。在小镇上学时，华生经常被同学嘲弄。

从华生的原生家庭来看，他对待自己子女的态度，甚至他的学术理论来源，都变得可以理解。一个不曾被爱过的人很难习得和发展出爱的能力。可以理解不代表可以原谅。原生家庭理论在理解一个人的言行时是很有用的工具，包括理解自己、接纳自己。但是，不要什么锅都让原生家庭来背，不要把童年创伤当作自己不思考、不求改变的借口。一些人沉湎于原生家庭对自己造成的伤害，甚至继续伤害自己的下一代。如果原生家庭能决定一个人的一生，一个人出生后为什么还要努力？还有什么值得努力？一个不需要努力、毫无作为的人生，又有什么意义？打个不恰当的比喻，从我们出生这一天起，就必然走向死亡，那么，活着难道就没有目标、没有意义了吗？事实上，正因为生命是有终点的，生命的长度是有限的,如何过好这一生才变得值得讨论、值得努力,生命才有了意义。没有一个家庭是百分百幸福的,所以,我们每个人都要经历与原生家庭、童年创伤抗争,最终走向和解的过程。

如果一个人不发挥自己的主观能动性,去努力改变原生家庭带给自己的负面影响,如果下一代只能复制上一代的生活,人类社会何来进步?显然,我们的社会没有僵化,它在不断进步,说明很多人走出了原生家庭的负面影响,努力做自己,努力做最好的自己。也就是说,他们都认识到"错题"的价值。无论这个"错题"是上一代制造的,还是过去的自己制造的,我们都可以从中吸取教训,在养育孩子这条路上一点点地摸索,一点点地前进。

我没能做到最好,但我相信,臭蛋将来可以成为比我好的家长,因为我的努力在为他的成长垫上一块砖。

图书在版编目（CIP）数据

妈妈永远"在线" / 顾学文著. — 上海：上海教育出版社，2021.5
（2021.12重印）
ISBN 978-7-5720-0767-5

Ⅰ.①妈… Ⅱ.①顾… Ⅲ.①家庭教育 Ⅳ.①G78

中国版本图书馆CIP数据核字(2021)第092314号

责任编辑　朱丹瑾　金亚静
版式设计　陆　弦
封面设计　闻人印画

Mama Yongyuan Zaixian
妈妈永远"在线"
顾学文　著

出版发行　上海教育出版社有限公司
官　　网　www.seph.com.cn
地　　址　上海市闵行区号景路159弄C座
邮　　编　201101
印　　刷　上海昌鑫龙印务有限公司
开　　本　787×1092　1/32　印张8　插页1
字　　数　115千字
版　　次　2021年6月第1版
印　　次　2021年12月第2次印刷
书　　号　ISBN 978-7-5720-0767-5/G·0585
定　　价　38.00元

如发现质量问题，读者可向本社调换　电话：021-64373213